10 Minuten Konzentrationstraining

Folker Kraus-Weysser

10 MINUTEN
KONZENTRATIONS-
TRAINING
für Erwachsene

FALKEN
Taschenbuch

Ebenfalls im FALKEN Verlag erschienen:
Gedächtnistraining (Nr. 60278)
Der Titel ist überall dort erhältlich, wo es Bücher gibt.

Sie finden uns im Internet: **www.falken.de**

Dieses Buch wurde auf chlorfrei
gebleichtem und säurefreiem Papier gedruckt.

Der Text dieses Buches entspricht den Regeln
der neuen deutschen Rechtschreibung.

Originalausgabe
ISBN 3 635 60449 6

Umschlaggestaltung: Zembsch' Werkstatt, München
Gestaltung: Beate Müller-Behrens
Redaktion: Caroline Hartge, Garbsen/Sabine Weeke
Herstellung: Bettina Christ
Titelbild: Bavaria München/FPG
Satz: FALKEN Verlag, Niedernhausen/Ts.
Druck: Freiburger Graphische Betriebe, Freiburg

Die Ratschläge in diesem Buch sind von Autor und Verlag sorgfältig erwogen und
geprüft, dennoch kann eine Garantie nicht übernommen werden. Eine Haftung
des Autors bzw. des Verlags und seiner Beauftragten für Personen-, Sach- und Ver-
mögensschäden ist ausgeschlossen.

817 2635 4453 6271

Inhalt

Einleitung

Dieses Buch enthält eine breite Palette von Ratschlägen. Einige davon entsprechen Ihrer Denkweise, andere nicht. Niemand kann Sie dazu zwingen, sich auf eine Denkmethode einzulassen, die Ihnen nicht entspricht. Aber genau das ist der Grund für die Vielzahl von Hinweisen und Tipps: Wenn Ihnen nur ein Teil davon weiterhilft, so haben Sie bereits profitiert. Denn Denken funktioniert nicht so simpel wie ein Autokauf. In Ihrem Kopf existiert kein Katalog von Zubehör, aus dem Sie sich ihr Wunschmodell zusammensetzen können. Ebenso wenig gibt es eine Preisliste, die gemäß Ihrem Vermögen den Bestellkatalog bestimmt. Gedanken kennen keinen Preis und sie lassen sich nicht zwingen. Selbst wenn Sie noch so verärgert oder aufgebracht sind, wird niemand Ihre Gedanken zur Rechenschaft ziehen können, denn Sie allein sind Herr – oder Frau – Ihrer Gedanken. Dies ist besonders wichtig, weil es eine wesentliche Voraussetzung für Konzentration ist. Ihre Interessen bestimmen, wie und woran Sie denken. Und je stärker ausgeprägt solche Interessen sind, um so eindeutiger werden Sie Ihre Gedanken darauf ausrichten. Das ist Konzentration!

Vergessen Sie nicht: Jeder Mensch hat die Gabe der Konzentration. In diesem Buch geht es nicht darum, Ihnen Konzentration beizubringen. Es geht vielmehr darum, Ihnen Wege aufzuzeigen, wie Sie sich schneller und einfacher konzentrieren können, wie Sie Ihr Gedächtnis stärken und Ihren Geist beweglich halten können. Das funktioniert etwa so, wie aus einem Menschen, der bereits ganz gut zu Fuß ist, ein guter Läufer wird. Der Weg dorthin setzt ein besseres Verständnis der Gedankenbausteine und die Einsicht voraus, was Konzentration eigentlich ist: Konzentration sind gebündelte, zielgerichtete Gedanken, die sich auf ein Thema richten. Und über Training können Sie Ihre Konzentrationsfähigkeit positiv beeinflussen.

Ihr Gedächtnis: Drei Stufen

1. Eingang
   ◆ keine Speicherfunktion
   ◆ Verbindung zu allen Sinnesorganen
2. Kurzzeitgedächtnis
   ◆ vergleichbar dem Arbeitsspeicher eines Computers
   ◆ kurzzeitige Speicherung eingehender Informationen,
   ◆ die Informationen werden durch häufige Wiederhoung,
     Lautstärke und sonstige Betonungen schneller in den
     „Langzeitspeicher" weitertransportiert
3. Langzeitgedächtnis
   ◆ eigentlicher Sitz des Erinnerungsvermögens
   ◆ nahezu unbegrenztes Fassungsvermögen
   ◆ bereits vorhandene Informationen erleichtern neu hinzu-
     kommenden Informationen den Zugang

Wer kennt die Situation nicht: Beim Zeitunglesen, beim Autofahren, beim Zubereiten einer Mahlzeit konzentriert man sich. Das geschieht unbewusst, sozusagen nebenbei und beinahe automatisch. Die Ratschläge in diesem Buch trainieren Sie im Gebrauch dieser Fähigkeit und darin, sie bewusst einzusetzen.

Konzentration besteht aus Bausteinen. Wer sich konzentriert, setzt wie ein Maurermeister Argument auf Argument, Gedanken auf Gedanken. Doch irgendwann hält er inne und betrachtet sein Werk. In diesem Augenblick wird ihm bewusst, was er ganz mechanisch, Stein auf Stein, geleistet hat: Er errichtet ein Gebäude – ein Denkgebäude. Wie das funktioniert, erklären Ihnen die Ratschläge und Tipps dieses Buches.

Einige davon werden mehrfach erwähnt, in unterschiedlichen Zusammenhängen, ebenso wie Stahlträger oder Balken beim Bau eines Hauses mehrfach Verwendung finden. Es handelt sich dabei um die tragenden Stützen des Konzentrationstrainings. Einige davon haben weniger mit logischem Denken als vielmehr mit Gefühlen zu tun, etwa mit Motivation oder mit Angst. Andere zielen auf die Steuerung Ihrer Gedanken, beispielsweise auf die Bereitschaft, alle Seiten eines Problems zu berücksichtigen. Und schließlich werden Sie immer wieder aufgefordert, unangenehmen Ängsten und Gefühlen zu widerstehen. Denn Konzentration ist zwar keine Empfindung wie Hunger oder Durst, auch kein klarer Gedankengang wie bei einer einfachen Additionsrechnung. Immer jedoch setzt Konzentration die Ausschaltung störender Einflüsse voraus, etwa von Lärm oder innerer Unruhe. Die Gedanken kreisen ein Thema ein – und schließlich, man merkt es kaum, ist man am Ziel: Man konzentriert sich.

Was ist Konzentration?

Die erstklassige Tennisspielerin macht es, der amerikanische Präsident und der vielseitig geforderte Softwareentwickler: Jeder spornt seinen Verstand durch Konzentrationsübungen zu Höchstleistungen an. Der ehemalige Formel-I-Weltmeister Niki Lauda meint dazu: „Wenn man anfängt, an andere Dinge zu denken, ist man unkonzentriert und macht Fehler." Deshalb schwört Bill Clinton auf Yoga, und Tennis-Champion Boris Becker spricht in diesem Zusammenhang von „the zone" – einem Zustand im Bereich der Trance, in dem alles um ihn herum unwichtig wird und eine absolute Konzentration möglich ist.

Aber kann man das Gehirn denn trainieren wie ein Sportler seine Muskeln? Oder lassen sich die grauen Zellen wie ein Computer auf Höchstleistung programmieren? Antwort: Ja! Denk- und Merkfähigkeit lassen sich erhöhen, die Grenzen der Leistungsfähigkeit erfolgreich verschieben. Dass Gehirn-Jogging weniger verbreitet ist als Frühsport, ist kein Grund, dieser Möglichkeit grundsätzlich zu misstrauen. Vielmehr merken die meisten Menschen einfach nicht, ob und wann ihre Denkleistung nachlässt. Es gibt für die Konzentrationsfähigkeit keinen allgemein anerkannten Maßstab wie für Geschwindigkeit oder Temperatur. Einziges Indiz sind die kleinen Anzeichen, die jedem geläufig sind: wenn man einen sonst geläufigen Namen vergessen hat, einem eine Telefonnummer nicht einfällt oder der Einkaufszettel nur teilweise erledigt wird.

Hinzu kommt, dass die meisten Menschen nicht wissen, wie gut ihr Verstand funktioniert und was Konzentration eigentlich ist. Jedermann verlässt sich auf seine fünf Sinne und ist im Grunde davon überzeugt, dass er vernünftig denken kann.

Dabei hat Denken viel mit Konzentration zu tun, denn es bedeutet, sich aufmerksam mit einem ganz bestimmten Gedanken zu beschäftigen, ohne sich ablenken zu lassen. Genauer gesagt besteht Konzentration aus dem Zusammenspiel von zwei Fähigkeiten:
◆ der Aufmerksamkeit für einen Gedanken,
◆ der Fähigkeit, sich in dieser Aufmerksamkeit nicht stören zu lassen.

Beides lässt sich trainieren, und dass dieses Training wirklich hilft, liegt an der Funktionsweise des Gehirns, das ein nach Aufgaben unterteiltes System darstellt. Ebenso wie sich Durchblutung und Sauerstoffversorgung der Muskeln durch gezieltes Training anregen lassen, so können auch bestimmte Hirnregionen durch Übung zu größeren Leistungen veranlasst werden. Voraussetzungen hierfür sind unter anderem:
◆ Selbstbewusstsein:
Sie verfügen über viele Fähigkeiten – eine Binsenweisheit. Erstaunlicherweise wissen die meisten Menschen wenig über ihre verschiedenen Talente. Es fehlt ihnen an Neugier, sich selbst besser kennen

zu lernen. Darin liegt jedoch eine Chance für Sie: Je mehr Sie über sich selbst wissen, um so erfolgreicher arbeitet Ihr Verstand, sozusagen mit der Schützenhilfe Ihres Selbstbewusstseins.

◆ **Positives Denken:**
Der größte Feind des Denkens ist – das Denken. Denn angenommen, Sie suchen nach der Lösung eines Problems, so werden Sie diese Lösung nicht finden, so lange Sie über die Hindernisse nachdenken, die der Lösung im Wege stehen. Der Erfolg stellt sich erst ein, wenn Sie sich selbst dahingehend „programmieren", keine negativen Gedanken zuzulassen.

◆ **Aufgeschlossenheit:**
Sicherlich kennen auch Sie einige mehr oder weniger originelle Wandsprüche in Büros, frei nach dem Motto: Das war schon immer so, das haben wir immer so gemacht und das wird auch nicht geändert! Genau wegen dieser Haltung bleiben viele Probleme ungelöst, denn sie behindert Ihre Konzentration. Erst wenn Sie bereit sind, sich auch auf ungewöhnliche, neue Sichtweisen einzulassen, können Sie sich erfolgreich konzentrieren.

◆ **Beharrlichkeit:**
Ausdauer ist das A und O für die Konzentration. Nur wenn Sie ausdauernd bleiben, denken Sie Ihre Gedanken zu Ende.

◆ **Schrittweises Vorgehen:**
Worüber Sie auch immer nachdenken: Jedes Problem besteht aus vielen kleinen Problemchen. Sie erleichtern sich deshalb konzentriertes Nachdenken, indem Sie ein übermächtig groß erscheinendes Problem aufteilen und sich nacheinander mit jedem einzelnen dieser Teilprobleme beschäftigen.

Ebenfalls durch Übung, vor allem aber mit etwas Selbstdisziplin, blockiert man Störeinflüsse. Verschaffen Sie sich Ruhe! Viele Lärmquellen lassen sich abstellen, wenn es darum geht, konzentriert über etwas nachzudenken – sei es das Telefon oder die Türklingel. So nebensächlich erscheinende Einflüsse wie die ausreichende Beleuchtung am Arbeitsplatz und genügende Pausen, in denen Bewegungsdrang und Frischlufthunger zu ihrem Recht kommen, spielen hierbei eine nicht geringe Rolle. Im weiteren Umfeld darf die Bedeutung einer guten allgemeinen Gesundheit und einer ausgewogenen Ernährung nicht unterschätzt werden. So viel zu den „äußeren" Störfaktoren.

Darüber hinaus erweist sich ein falscher Umgang mit der Konzentration als entmutigende Hürde. Faktoren hierfür können sein:

◆ Überforderung:
Ein Lehrer, der seine Schüler übertriebenen Anforderungen aussetzt und sie fortgesetzt kritisiert, darf sich nicht über nachlassende Konzentration wundern. Auf die gleiche Weise können Sie auch sich selbst behindern. Wenn Sie den Eindruck haben, den eigenen Ansprüchen nicht zu genügen, nimmt Ihnen dieses den Mut und beeinträchtigt Ihre Motivation zur Konzentration.

◆ Unterforderung:
Umgekehrt bewirken auch zu geringe Anforderungen dasselbe. Wenn Sie nie an Fragestellungen geraten, die nur durch konzentriertes Nachdenken zu beantworten sind, werden Sie diese Fragen nicht ernst genug nehmen und sich nicht konzentrieren können.

◆ Gefühle:
Wer sich z. B. vernachlässigt fühlt, für seine Arbeit nie gelobt wird, oder nach einem Todesfall trauert, wird seine Gedanken nicht oder nur schwer zu konzentriertem Denken bündeln können.

Aber niemand muss befürchten, er sei nicht fähig, diese Hindernisse durch ein entsprechendes Training zu überwinden. Nur etwa zwei Prozent der Ursachen für Konzentrationsmangel sind angeboren. In den meisten Fällen ist der Mangel an Konzentrationsfähigkeit auf erworbene Ursachen, wie etwa die Folgen von Krankheit, Verletzungen oder traumatischen Erlebnissen, zurückzuführen.

Wem fällt die Konzentration schwer?

◆ Der Angsttyp: Seine Gedanken werden unausgesetzt von „Wenn" und „Aber" beherrscht. Er ist entscheidungsschwach und entschlusslos und von der Angst vor den Folgen seines Handelns beherrscht. Diese Denkweise zehrt durch fortgesetztes Abwägen der Vor- und Nachteile die Energie auf, die in konzentriertes Denken investiert werden könnte.

◆ Der Wunschtyp: Das Bessere ist der Feind des Guten – nach diesem Motto kommt der Wunschtyp gar nicht erst auf den Gedanken, sich zu konzentrieren, weil er ständig mit der Vorstellung beschäftigt ist, wie alles noch besser sein könnte. Diese Denkweise ist nur scheinbar positiv, denn sie betont die eigenen Schwächen im Vergleich zum Wunschzustand allzu sehr.

◆ Der Energieverschwender: Wie kann sich ein Tennisspieler wie Boris Becker vier Stunden lang auf sein Spiel konzentrieren? Er kann es nicht! In Wirklichkeit konzentriert er sich auf bestimmte, oft nur wenige Sekunden dauernde Augenblicke: auf den Aufschlag, auf eine Rückhand. Dazwischen schaltet sich seine Konzentration energiesparend ab. Wer diese Ökonomie des Denkens nicht beherrscht, verschwendet Energie, die ihm beim geistigen Endspurt fehlt. Das Ziel wird er überhaupt nicht oder nur ausgepumpt erreichen.

◆ Der Einseitige: Kunden, die sich in einem Laden lautstark beschweren, demonstrieren oft eine einseitige Denkweise. Sie würden viel leiser reagieren, könnten sie sich in die Situation des Verkäufers hineinversetzen. Das ist auch der Grund, weshalb sich viele Gesprächspartner nicht verstehen und warum viele Gespräche nicht funktionieren. Keiner versetzt sich in die Lage oder Denkweise des anderen. Die Folge ist Frustration. Und diese wiederum lähmt die Konzentration.

Allerdings zeigen alle vorstehend beschriebenen Einflussfaktoren, dass Konzentration und der Kampf gegen die Vergesslichkeit viel mit der gesamten Persönlichkeit zu tun haben und keineswegs auf einfaches Nachdenken beschränkt sind. Die Gründe dafür sind einfach: Der Verstand bestimmt das Bewusstsein. Er registriert, was wir sind und wie wir uns fühlen. Wer sich abgespannt fühlt, Angst hat oder friert, kann nur schlecht nachdenken. Der Verstand ist blockiert, weil das Gehirn über eine Vielzahl von Sensoren verfügt – für Sehen, Hören, aber auch für Zuversicht, Mut und Glück. Die Gesamtheit dieser Eindrücke beeinflusst auch die Fähigkeit zur Konzentration. Aber genau das ist auch der Grund, weshalb man durch Training lernen kann, die günstigen Einflüsse zu stärken, die ungünstigen hingegen zurückzudrängen. Dafür muss kein normaler Mensch Kurse besuchen. Ein paar Minuten Gehirnjogging täglich reichen aus.

Der Weg zur Konzentration

Jeder kennt die Situation: Man erzählt eine Geschichte und kann sich urplötzlich nicht mehr an den Namen einer der beteiligten Personen erinnern. Aus heiterem Himmel – wie weggeblasen. Alles Grübeln hilft nichts. Oder: Man steht in einer Telefonzelle, streckt den Finger aus, um zu wählen – und die Telefonnummer ist wie ausgelöscht, aus dem Gedächtnis gestrichen. Sicher, irgendwann kehrt die Erinnerung zurück, doch dann ist es zu spät.

Je öfter das passiert, um so deutlicher wird es: Sie leiden unter Vergesslichkeit. Alle Bemühungen, diesem Phänomen beizukommen, sind vergeblich. Die Erinnerung scheint wie Schnee in der Frühlingssonne wegzuschmelzen. Dies ist natürlich beunruhigend, denn damit erweist sich ein Bestandteil des Organismus plötzlich als unzuverlässig – eine unangenehme Erfahrung. Besonders dramatisch ist dabei, dass es sich um den Geist, die „Zentrale", handelt. Der Verlust einer Hand beispielsweise ist tragisch, lässt sich aber mit der zweiten Hand ausgleichen. Doch der Verlust von Erinnerung ist unersetzlich.

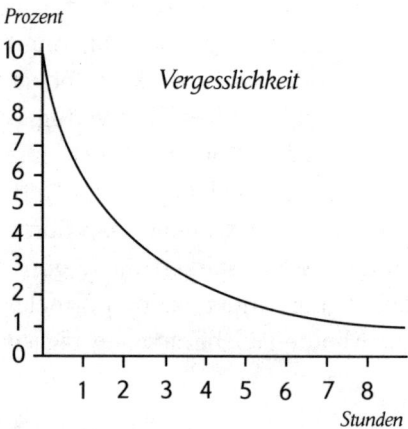

Prozent

Vergesslichkeit

Stunden

Die Kurve zeigt, dass bereits nach zwei Stunden die Hälfte der Informationen aus dem Gedächtnisspeicher wieder verschwunden ist. Um die Merkfähigkeit zu erhöhen, muss man die aufzunehmenden Informationen durch vielfache Wiederholungen auswendig lernen.

Also beginnen Sie zu grübeln. Sie versuchen angestrengt, sich zu erinnern. Und machen dabei die nächste, kaum weniger unangenehme Erfahrung: Sie wissen nicht, wie man sich konzentriert. Ihre Gedanken wandern hier- und dorthin. Sie versuchen sie an Details festzumachen, aber Sie haben das untrügliche Gefühl, sich auf weichem, unsicheren Boden zu bewegen. Und je mehr dieses Gefühl zur Gewissheit wird, um so deutlicher behindert Ihre Verunsicherung Ihre Fähigkeit, sich zu konzentrieren – ein teuflischer Kreislauf.

Unter dem Eindruck dieser Erfahrung haben Sie jedoch etwas Entscheidendes übersehen: Sie können sich konzentrieren, Sie haben es unzählige Male unter Beweis gestellt. Aber Sie haben es nicht gemerkt, weil Sie sich einfach nicht dafür interessiert haben.

Jetzt können Sie es anders machen: Versetzen Sie sich zurück in einen Zustand der Konzentration, wie sie ihn schon unzählige Male erlebt haben. Schalten Sie das Radio ein oder legen Sie eine Platte auf. Folgen Sie der Melodie und lassen Sie sich einfach von der Musik forttragen. Denken Sie an nichts anderes; versuchen Sie, selbst Teil der Musik zu werden, nur wenige Minuten lang. Schon nach wenigen Augenblicken können Sie feststellen, wie leicht es Ihnen fällt. Und damit haben Sie den Beweis erbracht, dass Sie sich konzentrieren können – denn genau diese Macht über den Verstand nennt man Konzentration. Sie haben Ihrem Gehirn eine Anweisung gegeben und es hat sie befolgt.

Lassen Sie sich nicht entmutigen

Doch freuen Sie sich nicht zu früh. Die Erfahrung mit der Musik fällt Ihnen nur deshalb so leicht, weil Sie Ihren natürlichen Neigungen entgegenkommt und angenehm ist. Doch die meisten Probleme, die mithilfe von Konzentration gelöst werden müssen, sind weniger angenehm. Komplexe Aufgaben am Arbeitsplatz, die Organisation einer langen Reise oder die Vorbereitung einer aufwändigen Familienfeier: Alles erfordert konzentrierte Aufmerksamkeit auf Fragen, die kompliziert sind und deren Beantwortung deshalb schwerer fällt. Da nützt es wenig, die Augen zu schließen und sich seinen Gefühlen hinzugeben. Es bleibt Ihnen deshalb nichts anderes übrig, als sich mit der Tatsache abzufinden, dass konzentriertes Denken auch Durchhaltevermögen erfordert. Strengen Sie sich an, um Ihre Gedanken in der Spur zu halten.

Haben Sie das begriffen, können Sie sich dem nächsten, sicherlich wichtigsten Problem zuwenden, nämlich der Frage nach dem Zweck. Es geht darum, sich im Falle eines Falles z.B. an eine Telefonnummer oder einen Namen zu erinnern. Dafür könnten Sie natürlich notfalls in Ihrem Adressbuch blättern. Und eigentlich ist die Fähigkeit zur Konzentration auch viel zu wertvoll, um allein für so einfache Aufgaben verschwendet zu werden.

Doch kompliziertere Aufgaben haben oft keinen genau auszumachenden Ansatzpunkt. Um einen solchen Ansatz zu erkennen, ist Konzentration häufig erst die Voraussetzung. Angenommen, Sie wollen entscheiden, wie Ihr nächster Sommerurlaub aussehen soll: mit dem Auto nach Italien oder per Flugzeug in die Karibik? Bevor Sie diese Entscheidung nicht getroffen haben, kennen Sie Ihr Reiseziel überhaupt nicht. Und um die Frage danach zu klären, müssen Sie sich zuerst auf alle möglichen Fragen konzentrieren: Kosten, Dauer, Wünsche der beteiligten Reisepartner, eigene Interessen.

Sie merken es schnell: Das Ziel Ihres Nachdenkens hat im Grunde wenig mit dem Ziel Ihrer Ferienreise zu tun. Ihr oberstes Ziel muss es zunächst sein, Ordnung in Ihre Entscheidungsgrundlagen zu bringen. Und genau das ist es, worauf Sie sich beharrlich konzentrieren müssen.

Das ist allerdings leichter gesagt als getan. Sie werden die unangenehme Erfahrung machen, dass Ihnen das Spiel mit Argumenten und Gegenargumenten keineswegs leicht fällt. Sie werden immer wieder versucht sein, zu kapitulieren. Und unvermeidlich wird sich eine innere Stimme bei Ihnen melden und Ihnen einflüstern: „Das kannst Du nicht. Du hast keine Übung. Du weißt nicht einmal, wie man sich richtig konzentriert!" Ihnen fällt ein, dass vor allem ältere Menschen häufig über Vergesslichkeit klagen, und Sie werden sich deshalb fragen, ob Sie nicht möglicherweise dieselben Schwächen aufweisen, kurz: Ob Ihr Verstand nicht vielleicht abgenutzt ist.

Der Verstand kann sich aber nicht abnutzen, im Gegenteil: Er wird durch häufigen Gebrauch nur noch beweglicher und leistungsfähiger. Wer sich häufig konzentriert, hat damit keine Schwierigkeiten. Was Ihnen also lediglich fehlt, ist Übung, die Ihr Erinnerungsvermögen stärkt. Und das ist beileibe kein Grund, sich entmutigen zu lassen.

Kennen Sie Ihren Biorhythmus?

Morgenmenschen sind bereits bei Sonnenaufgang munter und erreichen die Phase ihrer höchsten Leistungsfähigkeit im Laufe des Vormittags. Ganz anders der „Morgenmuffel". Er hinkt den Morgenmenschen immer zwei, drei Stunden hinterher, wird dafür abends aber auch später müde. Natürlich zwingt die übliche Organisation der Arbeitszeit dazu, solche biologischen Veranlagungen zu überwinden. Dennoch sollte man sie nicht völlig unbeachtet lassen und größere Vorhaben im biorhythmisch passenden Zeitrahmen einplanen und trainieren.

Na schön, werden Sie einwenden, vielleicht fehlt mir die Übung. Das lässt sich lernen. Aber lohnt sich eigentlich der ganze Aufwand? Die Antwort auf diese Frage kann Ihnen niemand abnehmen. Sie müssen herausfinden, ob Sie an der Fähigkeit interessiert sind, sich zu konzentrieren.

Doch bevor Sie sich auf diese Entscheidung einlassen, sollten Sie bedenken, dass jeder Mensch ein Gewohnheitstier ist: die Neigung, unangenehme Aufgaben aufzuschieben – eine Gewohnheit. Oder sich von angenehmeren Dingen ablenken zu lassen – eine andere Gewohnheit. Niemand wird Sie dafür loben, wenn Sie die gewiss selbstverständliche Frage nach Ihrem nächsten Urlaubsziel beantwortet haben. Wenn aber kein Lob winkt, reagieren viele Menschen ohne Interesse – eine weitere Gewohnheit.

Damit stehen Sie vor einem riesigen Tor, zu dessen Schloss nur ein einziger Schlüssel passt. Und dieser Schlüssel ist Ihr ganz eigenes Interesse. Nur wenn Sie selbst daran interessiert sind, sich auf ein Problem einzulassen und sich konzentriert damit zu beschäftigen, werden Sie das Tor aufschließen können.

Denken in Etappen

Gut, Sie haben sich entschieden. Ihre innere Stimme ruft: Ja, ich will mich konzentrieren. Aber wie soll ich das bloß machen? Die Antwort lautet: Das wissen Sie bereits! Worauf Ihre innere Stimme vielleicht erstaunt zurückgeben wird: Nein, ich habe doch keine Ahnung davon!

Das stimmt nicht. Nehmen wir wiederum das Beispiel Ihrer Urlaubsplanung. Natürlich ging es dabei in letzter Konsequenz darum, den gewünschten Ferienort bestimmen. Aber der Weg dorthin führte über viele kleine Etappen. Sie mussten zunächst herausfinden, welche Wünsche Ihre Reisepartner haben, wie viel Geld Ihnen zur Verfügung steht, wie Ihre eigenen Interessen aussehen. Sie werden einwenden, dass das ganz normal sei; aber wenn das für Sie tatsächlich normal wäre, könnten Sie ohne Probleme konzentriert denken. Denn gerade darin besteht ja Ihre Schwierigkeit, dass Sie große, komplexe Fragestellungen nicht gezielt in viele, einfache Details auflösen und eines nach dem anderen bearbeiten. Aber genau so funktioniert Konzentration.

Psychologen erzählen dazu die Anekdote von dem Piloten, der an den Kontrollturm funkte: „Ich weiß nicht, wo ich bin, aber ich bin in Rekordzeit geflogen!" Ein Witz? Keineswegs, wenn Sie Ihre eigene Situation betrachten.

Auch Sie wollen Ihre Probleme in Rekordzeit lösen, verlieren sich gewöhnlich jedoch in ihnen. Deshalb ist es immer gut zu wissen, an welchem Punkt in einem Klärungsprozess man sich gerade befindet. Und das lässt sich am besten erreichen, indem man Probleme in kurze, überschaubare Etappen zerlegt, die sich konzentriert bearbeiten lassen.

Wenn Sie mir bis hierher gefolgt sind, dann haben Sie bereits viele Hürden genommen, welche Konzentration zu verhindern drohen. Beispielsweise haben Sie mit Ihrer Antwort auf die Frage nach

Ihrem Interesse zugleich das Problem gelöst, das viele zerstreute Menschen haben: Sie sind zu unaufmerksam, um sich konzentrieren zu können. Wer aber Interesse zeigt, kann sich gegen die Zerstreuung wehren.

Ebenso haben Sie mit Ihrer Entscheidung, sich beharrlich um Konzentration zu bemühen, zugleich allen von außen auf Sie einstürmenden Störungen den Kampf angesagt. Wenn der Fernseher läuft und im selben Zimmer eine lebhafte Unterhaltung stattfindet, kann sich kein normaler Mensch konzentrieren. Da Sie sich jedoch zur Ausdauer entschlossen haben, werden Sie alle diese Störquellen erfolgreich auszuschalten wissen.

Aber vergessen Sie nicht: Letztlich entscheiden Ihre eigenen Zweifel darüber, wie gut oder schlecht Sie sich konzentrieren können. Zweifel sind menschlich. Auch noch so selbstbewusste Menschen bleiben nicht von ihnen verschont. Es gibt immer einen Punkt, an dem man zu zweifeln beginnt, ob die eigenen Fähigkeiten ausreichen. Wer noch nie mit einem Computer zu tun hatte, wird vor dem Bildschirm sitzen, voller Skepsis auf die Bilder und Symbole starren und mutlos aufseufzen. Das ist dann der Augenblick, in dem Sie sich daran erinnern sollten, dass Sie sich zur Ausdauer entschlossen haben und dass Ausdauer nichts weiter bedeutet, als allen Zweifeln zum Trotz an einer Aufgabe festzuhalten.

Zugegeben, unsere Lebensweise verführt allzu oft zu frühzeitiger Kapitulation. Viele Menschen wechseln beim Fernsehen häufig von Programm zu Programm, meist ohne genau zu wissen, worum es eigentlich geht und was sie selber interessiert. Hüten Sie sich, dieses Verhalten auf Ihren Verstand zu übertragen! Er reagiert auf solche Unstetigkeit schlicht mit Versagen. Um das zu vermeiden, verfügen die Menschen über eine wunderbare Fähigkeit – die Konzentration.

Ablenkungen vermeiden – aber wie?

Es war einmal eine schöne Frau mit herrlichen langen, blonden Haaren. Sie wohnte an einem Fluss, genau dort, wo die vorbeifahrenden Schiffe zahlreiche Untiefen zu überwinden hatten. Die Frau lebte angenehm und in Wohlstand, doch lebte sie allein und fühlte sich deshalb einsam. So kam sie eines Tages auf den Gedanken, sich ans Flussufer zu setzen und herausfordernd ihr schönes Haar zu kämmen, um die vorbeifahrenden Schiffer zu betören. Die starrten auch tatsächlich unverwandt ans Ufer, und aus diesem Grund passierte es gelegentlich, dass der Steuermann nicht auf den Kurs achtete und sein Schiff an einem der tückischen Riffe leckschlug. Die schöne Frau kümmerte das wenig, denn sie hatte, was sie wollte: Unterhaltung.

Vermutlich kennen Sie diese Geschichte. Es handelt sich um die Sage von der Loreley, die in uralter Zeit auf ihrem Rheinfelsen die Schiffer ins Unglück gelockt haben soll. Die Loreley-Sage ist uralt, was darauf hinweist, dass die Menschen schon immer Schwierigkeiten hatten, sich zu konzentrieren. Die Situation, in der Sie sich zur Zeit befinden, ist also keineswegs ungewöhnlich.

Doch ist die Geschichte mehr als nur eine Sage, denn die Psychologie hat daraus ein Bild gemacht, mit dem sich auch die Situation beim Konzentrationstraining erklären lässt: Die Loreley ist die Ablenkung, die die Konzentration behindert. Sie selbst befinden sich in der Situation der armen Schiffer und sind zwar nicht vom Untergang in den kalten Fluten, doch immerhin vom Verlust Ihrer Gedächtnisleistung bedroht. Der Fluss schließlich entspricht der Strecke, auf der es während der Übung sorgfältig Kurs zu halten gilt, um das Ziel – die Lösung einer Fragestellung durch konzentriertes Denken – sicher zu erreichen.

Und so wie sich auch die schöne Loreley auf ihre Ablenkungsmanöver vorbereitete, so sollten auch Sie sich erst nach einigen vorbereitenden Maßnahmen auf Ihr Konzentrationstraining einlassen. Damit stimmen Sie Ihren Geist auf die Fähigkeit ein, die Konzentration bedeutet: Ihre Gedanken auf bestimmte Themen zu richten und dabei Nebensächliches zu verdrängen. Doch Vorsicht: Gedanken sind eine leicht flüchtige Substanz. Sie lassen sich zur Konzentration nicht zwingen, sondern bestenfalls locken oder auffordern, bestenfalls überlisten.

Der erste Vorbereitungsschritt ist eine solche List: Entspannung. Jeder stellt sich etwas anderes darunter vor, doch in jedem Fall hat Sich-Entspannen etwas mit angenehmen Beschäftigungen zu tun, etwa mit Spaziergehen, Sonnenbaden oder einer anderen Form des Müßiggangs. Man sollte annehmen, dass Entspannung als eine Art Erholung vor der bevorstehenden Konzentration dient. Tatsächlich geht es jedoch um mehr.

Entspannung und Konzentration sind sich ähnlich. Auf beide muss man sich einstellen. In beiden Fällen geht es um Ruhe. Hier wie dort sollen Störungen von außen unterbleiben. Stimmen Sie sich deshalb auf Ihr Konzentrationstraining ein, indem Sie vor jeder Lektion einen Spaziergang machen oder sich in den Sessel setzen, um nichts zu tun, indem Sie also einfach faulenzen.

Motivation ist die nächste Vorbereitungsstufe. Eine Motivation ist ein Anreiz, der dazu verführt, sich mit etwas zu beschäftigen, was gewöhnlich schwer fällt. Sie können sich selbst motivieren, also ihre natürlichen Anreize verstärken, indem Sie z.B. Ihren Wunsch betonen, Ihre Gedächtnisleistungen durch Konzentration zu verbessern. Sagen Sie zu sich selbst: Ich kann das! Ich will das! Ich will nicht länger vergesslich sein, und ich kann Vergesslichkeit durch Konzentration überwinden. Denken Sie auch daran, dass die Fähigkeit zur Konzentration Ihr Selbstbewusstsein stärkt. Machen Sie sich klar, dass Konzentration ein Werkzeug ist, mit dem Sie Ihre geistigen Leistungen steigern können. Packen Sie sich bei Ihrem eigenen Ehrgeiz: Das wäre doch gelacht, wenn ich das nicht schaffte!

Es gibt keine Fehler, nur Versuche

- ◆ Lernen – am besten in einem ungestörten, ruhigen Umfeld
- ◆ Lernen – bewusst erleben
- ◆ Lernen – einfach versuchen
- ◆ Lernen – ein Schritt nach dem anderen, in kleine Portionen aufteilen
- ◆ Lernen – Hemmungen beiseite schieben

Ausgeglichenheit ist die dritte Stufe. Ein ausgeglichenes Gemüt befindet sich im Gleichgewicht. Diese Balance ist wichtig, weil sich niemand konzentrieren kann, so lange er beispielsweise freudig erregt oder tief deprimiert ist. Starke Gefühle schlucken so viel Energie, dass nichts mehr für die Konzentration übrig bleibt. Eine ausgelassene Feier ist somit ebenso wenig ein geeigneter Ort für konzentriertes Denken wie ein Gang auf den Friedhof.

Versuchen Sie sich in sich selbst zurückzuziehen und denken Sie ernsthaft. Schotten Sie sich vorübergehend gegen die Außenwelt ab. Suchen Sie Ihr inneres Gleichgewicht und machen Sie Pause vom hektischen Alltag.

Kondition ist der vierte Schritt. Darunter versteht man gewöhnlich Ausdauer – allerdings eine Ausdauer, welche der geduldigen Übung bedarf. Machen Sie sich also klar, dass Ihre Ausdauer langfristig davon abhängt, wieviel Belastung Sie auf sich zu nehmen gewohnt sind. Stellen Sie sich darauf ein, dass jetzt Ihre Bereitschaft gefordert ist, sich während des Trainings einigen geistigen Anforderungen auszusetzen. Sie werden feststellen, dass Ihre Belastbarkeit mit der Zeit zunimmt – Ihre Kondition wird besser!

Machen Sie sich's leicht!

Kennen Sie die Geschichte des österreichischen Psychologen Paul Watzlawik vom Mann mit dem Hammer? Dieser Mann wollte ein Bild aufhängen. Den Nagel hatte er, aber nicht den Hammer. Also beschloss er, zu seinem Nachbarn zu gehen und sich einen Hammer zu leihen. Aber da packten ihn Zweifel. Was, wenn der Nachbar nicht bereit wäre, ihm den Hammer zu borgen? Und war der Nachbar nicht bei der letzten Begegnung auffallend unfreundlich? Er selbst, so überlegte der Mann, wäre gegenüber seinen Mitmenschen jederzeit zu einem solchen Gefallen bereit. Warum also nicht auch der Nachbar? Sind es nicht solche Menschen, die das Leben unnötig erschweren? „Jetzt reicht es mir wirklich", dachte der Mann schließlich, stürmte hinaus und klingelte bei dem Nachbarn. Als der seine Haustüre öffnete, stieß der Mann hervor: „Behalten Sie doch Ihren Hammer!"

In dieser Geschichte steckt viel von allgemein verbreiteten Verhaltensweisen, denn sie hat nicht nur mit der in uns verborgenen Angst vor dem Urteil unserer Mitmenschen zu tun, sondern auch mit der Überlegung, wie die andere Seite eines Problems aussehen und wie sich diese Sichtweise auf uns auswirken könnte.

Auch die Fähigkeit – oder besser: Unfähigkeit – die eigenen Gedanken erfolgreich zu lenken, spielt in dieser Geschichte eine Rolle. Sie ist ein Beispiel dafür, welche bedrängenden Streiche jemandem die eigenen Gedanken spielen können. Doch auch dafür, dass man zwar nicht die Ereignisse, wohl aber die eigene Reaktion darauf kontrollieren kann. Das wiederum setzt geistige Beweglichkeit voraus. Die Entschlossenheit, auf äußere Ereignisse nicht fortgesetzt mit derselben Denkweise, sondern stattdessen mit neuen Ideen und Gedanken zu antworten. Bei der Konzentration geht es nicht um Standpunkte, sondern um Überlegungen – und die erfordern flexibles Denken.

◆ Die Gedanken lenken: Angenommen, Sie hatten an Ihrem Arbeitsplatz mit dem Chef oder Kollegen Streit. Dann werden sich Ihre Gedanken vermutlich mit Ihrem Ärger und Ihren Ängsten beschäftigen. Sie werden auf Rache sinnen oder Ihren Fehler schuldbewusst bedauern, doch keines von beidem bringt Sie weiter. Versuchen Sie deshalb, Ihre Gedanken auf die tiefer liegenden Ursachen Ihres Ärgers zu richten. Beschäftigen Sie sich mit den Ursachen, etwa mit einer ungünstigen Wetterlage oder mit allgemeiner Arbeitsüberlastung. Steuern Sie Ihre Gedanken dahingehend, dass Sie das Problem in seine Einzelteile auflösen und diese nacheinander abhandeln.

◆ Das Thema einkreisen: Gehen Sie noch einen Schritt weiter, indem Sie dann jedes einzelne dieser Teilprobleme systematisch umkreisen. Stellen Sie sich vor, Sie wären ein Raubtier, das seine Beute beschleicht, immer engere Runden darum dreht und schließlich zuschlägt. Ebenso können Sie auch Ihr Problem „erlegen". Denken Sie beispielsweise daran, wie Ihre Stimmung war, an jenem ärgerlichen Tag auf dem Weg ins Büro. Wie das Wetter war, die Stimmung Ihrer Kollegen, die Tage zuvor, als Ihr Chef vielleicht ungewöhnlich nervös war, bis sein Ärger schließlich zum Ausbruch kam. Ganz langsam kommen Sie Ihrem Ziel, der Erklärung Ihres Ärgers, näher.

◆ Beide Seiten sehen: Enttäuschungen beginnen meist damit, dass man nur seinen eigenen Standpunkt berücksichtigt. Doch jedes Problem hat zwei Seiten. Es gibt immer mehrere Meinungen zu ein und demselben Sachverhalt. Wenn die Polizei die Zeugen eines Unfalls verhört, erhält sie regelmäßig mehrere Darstellungen des Geschehens, die sich nicht selten widersprechen. Genau so sollten Sie auch bei der Behandlung Ihres Problems verfahren: die andere, möglicherweise gegensätzliche Perspektive berücksichtigen. Am Ende können Sie vergleichen und Ihre eigene Meinung gegebenenfalls korrigieren.

◆ Die Grenzen erweitern: Nachdenken führt irgendwann zu einem toten Punkt. Man glaubt nicht mehr weiter zu kommen und hat das Gefühl, sich im Kreis zu drehen. Verschärft wird diese Situation, wenn man meint, man könne diesem Zustand durch Ablenkung, etwa durch Musik oder eine Zigarettenpause, entgehen. In Wahrheit ist das Gegenteil der Fall. Der zeitweilige Ausstieg führt häufig dazu, dass der „Denkfaden" verloren geht und der Denkprozess danach erneut mühsam begonnen werden muss. Alle bereits gesammelten Argumente müssen wieder ins Gedächtnis zurückgerufen werden.

Dagegen hilft nur eine flexible Reaktionsweise. Rechnen Sie damit, dass Sie beim Nachdenken an die Grenzen Ihrer eigenen Bereitschaft stoßen können – und machen Sie trotzdem weiter. Denn erst der Anspruch, weiter zu denken und die eigene Begrenztheit zu überschreiten, bringt Sie tatsächlich voran. Begeben Sie sich auf die Suche nach versteckten, bislang noch nicht entdeckten Lösungen.

◆ Die Angst überwinden: Angst ist allgegenwärtig. Sie schleicht sich maskiert in fast alle Lebensbereiche ein – Angst vor Misserfolg, vor unangenehmen Gedanken oder Erkenntnissen, vor Kritik. Es hilft wenig, wenn man sich einzureden versucht, sie existiere nicht. Angst ist ein Gefühl – und dagegen kommt ein noch so vernünftiger Gedanke schlecht an. Man muss sich der Angst stellen. Nur wer immer wieder die Erfahrung macht, wie es ist, Angst zu haben, lernt den Umgang damit.

Angst ist ein Gefühl, das auszuhalten man durch Training lernen kann. Eine häufige Ursache dafür ist Unbehagen vor dem Unbekannten, das man nicht einschätzen kann. Überlegen Sie, welche Ursachen Ihre Angst haben könnte, ob sie eigenen Erfahrungen oder nur dem Hörensagen entspringt. Stellen Sie sich ihr! Irgendwann werden Sie feststellen, dass Sie mit Ihrer Angst leben können, nicht bequem, aber immerhin geübt.

◆ **Sich Zeit lassen:** Wer sich Zeit lässt, braucht nicht aggressiv oder ängstlich zu sein. Er kann lachen, wo andere verbissen zögern. Die Kehrseite: Wer sich konzentriert, hat oft das Gefühl, er stehe unter Zeitdruck. Der ruhige Fluss der Gedanken vermittelt leicht den Eindruck von Zeitvergeudung und erzeugt Ungeduld und Eile, etwas tun zu müssen.

Doch wer bestimmt diesen Gedankenfluss? Sie selbst! Es ist Ihre Entscheidung, aus der bedrängenden Eile auszubrechen nach dem Motto: Eile mit Weile. Das allein löst zwar noch kein Problem, verschafft Ihnen aber eine vorübergehende Atempause. Die wiederum verhindert, dass Sie Ihren eigenen, negativen Gedanken in die Falle gehen.

◆ **Skeptisch sein:** Im Medienzeitalter hat sich eine seltsame Leichtgläubigkeit durchgesetzt. Beispielsweise halten viele Fernsehzuschauer die TV-Nachrichten grundsätzlich für wahr, was nur bedeuten kann, dass sie die Mattscheibenbilder mit der Wirklichkeit verwechseln. Da es jedoch einiger Mühe bedarf, die echte Wirklichkeit zu erkunden, halten sich diese Menschen kurzerhand an die vorgefertigte, elektronische Wirklichkeit.

Auch bei der Konzentration stellt sich stets die Frage, was Realität und was Behauptung ist. Wer ein Bild betrachtet, sollte sich darüber klar sein, dass keineswegs sicher ist, ob die Farben von anderen Menschen ebenso wahrgenommen werden. Die Qualität des Augenlichts, die Beleuchtung oder auch die persönliche Stimmung können das Farbensehen beeinflussen. Trotzdem sprechen wir von einer roten Verkehrsampel oder einem blauen Himmel.

Kennzeichnend für die Vielschichtigkeit der Wirklichkeit ist die Geschichte von Vater und Sohn, die mit einem Esel unterwegs sind. Der Vater führt den Esel, der Kleine reitet, als sie Passanten begegnen und sich anhören müssen: „Seht Euch das an, der Kleine reitet bequem und der Alte muss zu Fuß gehen. Wie kann man ein Kind nur so verwöhnen!" Also lässt sich der Vater selbst vom Esel tragen und den Sohn zu Fuß gehen. Worüber die nächste Gruppe mäkelt: „Der arme, kleine Kerl. Muss zu Fuß gehen, während der Alte bequem reitet! Wie herzlos!" Also besteigen Vater und Sohn gemeinsam den Esel, was ihnen abermals Kritik einträgt: „Habt Ihr denn kein Mitleid mit dem armen Tier?" Ratlos steigen die beiden ab und tragen nun gemeinsam den Esel, was natürlich abermals kritisch kommentiert wird. So vielfältig kann die Wahrnehmung der Wirklichkeit sein.

◆ Radikales Denken: Ein Kapitän durchfährt mit seinem Schiff in einer dunklen Sturmnacht eine gefährliche Meerenge. Er kennt weder den sicheren Kurs, noch verfügt er über Hilfsmittel wie Radar oder Leuchtfeuer. Ihm bleiben deshalb nur zwei Möglichkeiten: Entweder läuft er mit seinem Schiff auf ein Riff. Dann wird er in der Gewissheit untergehen, dass sein Kurs nicht mit der angestrebten Wirklichkeit übereinstimmte. Oder er wird sicher das offene Meer erreichen und kann davon ausgehen, dass sein Kurs der angestrebten Wirklichkeit entsprochen hat. Aber dann wird er nie erfahren, ob es sicherere oder kürzere Durchfahrten durch die Meerenge gegeben hätte. Er weiß nicht einmal, wie die Meerenge eigentlich ausgesehen hat. Er weiß nichts von der Wirklichkeit und hat nichts gelernt.

Die Moral der Geschichte? Manchmal lohnt es sich, Risiken einzugehen. Risiken machen klüger. Sie erleichtern die Konzentration, weil sie über die Beschaffenheit der Wirklichkeit aufklären. Der Psychologe Paul Watzlawik erzählt dazu die Geschichte von dem Hund, der regelmäßig jeden Morgen in den Garten gehen darf, um an einem bestimmten Baum sein Bein zu heben. In der Zwischenzeit bereitet ihm sein Herrchen eine Schüssel Milch. Das ist jeden Morgen so. Doch eines Morgens kommt der Hund zurück und findet seinen Napf leer. Der Hund reagiert zunächst hilflos. Dann stürmt er zurück in den Garten, hebt sein Bein am Baum und kehrt zurück zum – noch immer leeren – Napf.

In diesem Fall gibt es zwei Wirklichkeiten: einerseits die Wirklichkeit des Hundes, der glaubt, wenn er sein Bein am Baum hebt, sei ein Napf Milch die zwingende Folge. Und andererseits besteht parallel die Wirklichkeit seines Herrchens, das eben einmal vergesslich war und das Vertrauen des Tieres unterschätzt hat. Beide wissen wenig vom anderen, dessen Gefühlen, Erwartungen und Ängsten. Ändern können sie die Situation nur, wenn sie sich entscheiden – radikal und entschlossen. Der Hund für den Verzicht auf seine Milch, sein Herrchen auf Mitleid mit dem hungrigen Hund.

Auch Nachdenken erfordert gelegentlich solche Entscheidungen. Wer sie nicht trifft, wird in seiner Konzentration behindert. Seine Gedanken wandern von der einen zur anderen Wirklichkeit und wieder zurück. Die Entscheidung mag falsch sein, muss vielleicht später korrigiert werden, aber sie bringt weiter. Und das ist das Ziel der Konzentration.

Im Folgenden finden Sie noch einige kurze Tipps, die Ihnen dabei helfen können, Ihr Konzentrationsvermögen insgesamt zu verbessern und sich vor allem auf spezifische Fragestellungen, z. B. auf die unten genannten Übungen, zu konzentrieren:

◆ Bemühen Sie sich auch um äußere Ordnung. Räumen Sie Ihren Schreibtisch oder Ihren Kleiderschrank auf. Gewöhnen Sie sich an systematisches Vorgehen und Ordnung im täglichen Leben.

◆ Körperliches Wohlbefinden erleichtert die Konzentration. Sorgen Sie für ausreichende Bewegung, treiben Sie z.B. maßvoll Sport.

◆ Nehmen Sie Ihre Mahlzeiten bewusst ein. Achten Sie auf Einzelheiten wie Geschmack, Biss und Zusammensetzung Ihrer Mahlzeiten.

◆ Trainieren Sie Ihr Gedächtnis täglich immer zu einer bestimmten Tageszeit einige Minuten lang.

◆ Erwarten Sie nicht, dass sich die Konzentration sofort einstellt: Ihr Verstand benötigt – ähnlich einem Automotor – einige Minuten Vorbereitungszeit zum „Warmlaufen".

◆ Gönnen Sie sich Ruhe. Hektik ist Gift für die Konzentration.

◆ Sprechen Sie schwierige Übungen leise vor sich hin. So können Sie sich später besser erinnern.

◆ Reicht Ihre Erinnerung nicht aus, machen Sie sich Notizen.

Schriftliche Notizen

Ausführliche Niederschriften kosten Zeit und verführen dazu, die notierten Informationen schnell wieder zu vergessen – sie sind ja auf Papier „gespeichert". Deshalb gilt: schriftliche Notizen nur im Notfall oder als provisorische Erinnerungsstütze. Besser ist es, den kompletten Sachverhalt im groben Zusammenhang geistig zu erfassen und sich ansonsten auf Stichworte zu beschränken. Das bedarf einiger Übung. Doch mit etwas Routine lassen sich die Informationen an bereits vorhandenem Wissen zum Thema „aufhängen", was die Erinnerung später zusätzlich erleichtert.

◆ Wenden Sie sich bei Gesprächen Ihrem Partner voll zu. Versuchen Sie seiner Sprache, seinen Körperbewegungen und Gesten zu folgen. Später wird es Ihnen dann leichter fallen, sich an Einzelheiten zu erinnern.

◆ Strömen zu viele Eindrücke auf Sie ein, sollten Sie versuchen, Verbindungen zu schaffen, die Ihnen später die Erinnerung erleichtern. Achten Sie beispielsweise auf Farben, die jenen Ihrer eigenen Wohnung ähnlich sind, oder auf Gesichtszüge, die Ihnen von bereits bekannten Personen vertraut sind. Sie können sich auch ausschliesslich auf Ihnen wichtige Details konzentrieren.

◆ Versuchen Sie sich Einzelheiten fremder Örtlichkeiten einzuprägen. Schulen Sie Ihren Blick für Details wie Mobiliar, Farben, Vorhänge, Tapeten usw.

21-Tage-
Übungsprogramm

Erster Übungstag

Gedächtnistraining

Beantworten Sie so spontan wie möglich die folgenden zehn Fragen zu Ihrem Alltagsleben:

1. Wann waren Sie das letzte Mal im Kino? Können Sie sich an Filmtitel und -inhalt erinnern?
2. Wann waren Sie das letzte Mal in einem fremdsprachigen Land?
3. Wann haben Sie Ihre letzte Flug-, Bahn- oder Autoreise unternommen?
4. Versuchen Sie sich ohne langes Nachdenken daran zu erinnern, wie viele Schlüssel Sie an Ihrem Schlüsselbund haben.
5. Wie lautet der Name Ihrer ersten Freundin oder Ihres ersten Freundes?
6. Wie viele Telefonnummern haben Sie in Ihrem Gedächtnis gespeichert?
7. Versuchen Sie sich möglichst genau an den aktuellen Stand Ihres Bankkontos zu erinnern.
8. Versuchen Sie sich an Vor- und Zunamen von möglichst vielen Ihrer Schulkameraden zu erinnern.
9. Stellen Sie – ohne Stadtplan und allein durch Nachdenken – fest, durch wie viele Straßen Ihr täglicher Weg zum Arbeitsplatz führt.
10. Zählen Sie nach, aus wie vielen Mitgliedern Ihre gesamte Familie besteht, also auch Tanten, Onkel, Vettern, Kusinen usw.

Gedächtnistraining

Versuchen Sie sich an Themen zu erinnern, die Sie während der vergangenen 24 Stunden mit anderen Menschen besprochen haben. Notieren Sie Gesprächspartner und Themen in nachstehender Tabelle:

Gesprächspartner	Thema

Assoziationen

Sie finden hier zehn Gruppen mit jeweils vier Begriffen, darunter ein Außenseiter, der sich nicht mit den übrigen Begriffen verträgt. Welcher ist es?

Mund	Bahn	Essen	Vogel	Bauer
Lippen	Gleis	Schlaf	Stuhl	Feld
Zahn	Himmel	Hunger	Feder	Ernte
Daumen	Signal	Trinken	Nest	Kino
Sport	Ameise	Buch	Arbeit	Auto
Tennis	Fleiß	Seiten	Lohn	Fernsehen
Hexe	Tier	Lärm	Leistung	Bildschirm
Ball	Wind	Lesen	Sonne	Antenne

Zweiter Übungstag

Entspannungsübung

Konzentrieren Sie sich auf sich selbst. Schließen Sie die Augen und konzentrieren Sie sich auf Ihren linken Arm. Versuchen Sie, diesen Arm in Ihrer Vorstellung immer schwerer werden zu lassen. Reden Sie sich ein, sein zunehmendes Gewicht zu spüren. Nach zwei, drei Minuten folgt der rechte Arm. Dann das linke und schließlich das rechte Bein. Am Ende öffnen Sie langsam wieder die Augen.

Worauf es bei dieser Übung ankommt: Lassen Sie sich nicht dadurch beirren, dass es sich lediglich um Ihre Vorstellung und nicht um die Wirklichkeit handelt. Lassen Sie zu, dass allein Ihre Vorstellungskraft bestimmt, was Sie denken und wie Sie fühlen – auch das „Gewicht" Ihrer Gliedmaßen.

Zahlenspiel

Nachstehend finden Sie fünf verschiedene Zahlenfolgen: Zählen Sie die erste Reihe von links nach rechts zusammen. Lassen Sie anschließend Ihren Gedanken freie Bahn. Denken Sie, was immer Ihnen gerade einfällt. Wenn Sie gerade so richtig in Gedanken versunken sind, sagen Sie sich: Stopp! Und zählen die nächste Zahlenreihe zusammen. Anschließend geht es wieder zurück ins freie Land der Gedanken – bis zum nächsten Stopp und einer weiteren Rechenaufgabe.

$11+22+7+18+5$

$15+6+8+44+12$

$1+8+89+7+12$

$9+8+26+32+76$

$18+2+22+34+6$

Assoziationsketten

Gehen Sie von einem Begriff Ihrer Wahl aus und versuchen Sie, möglichst lange Wortketten von logischen Zusammenhängen zu konstruieren.

Beispiel: Bach – Wasser – Fisch – Schwimmen – Baden – Sommerferien – Süden – Autofahrt – Tanken – Benzin – Benzinpreis – Geld – Gehalt – Arbeit – usw.

Versuchen Sie, möglichst lange Verkettungen zu schaffen. Natürlich können Sie sich zunächst schriftliche Notizen machen; bemühen Sie sich aber, diese so bald wie möglich zur Seite zu legen und auf freies Nachdenken umzusteigen.

Dritter Übungstag

Zahlenspiel
Welche Zahlen der nachfolgenden Reihe passen nicht in diese Abfolge? Warum?

1 – 3 – 5 – 10 – 2 – 15 – 30 – 7 – 45 – 90 – 180 – 34 – 360

Visuelles Training
Ordnen Sie diese vier Zeichnungen jeweils den Tagesmahlzeiten zu, also Frühstück, Imbiss, Mittag- und Abendessen. Welche Merkmale veranlassen Sie zu Ihrer Entscheidung? Welche Gemeinsamkeiten fallen Ihnen zu diesen vier Abbildungen ein?
Wenn Sie zehn solcher Übereinstimmungen finden, ist Ihre Leistung mit „gut" zu beurteilen.

Gedächtnistraining

Versuchen Sie sich zu erinnern, wie Ihr gestriger Tag abgelaufen ist, natürlich ohne Ihren Terminkalender zu Hilfe zu nehmen. Notieren Sie Ihre Erlebnisse stichpunktartig in diesen Stundenablauf:

8.00 Uhr . . . .
10.00 Uhr . . . .
12.00 Uhr . . . .
14.00 Uhr . . . .
16.00 Uhr . . . .
18.00 Uhr . . . .
20.00 Uhr . . . .
22.00 Uhr . . . .

Vierter Übungstag

Stammbaum

Ein Ehepaar hat zwei Kinder, eine Tochter und einen Sohn. Die beiden Kinder haben eines Tages abermals Kinder, der Sohn eine Tochter, die Tochter einen Sohn. Und auch diese beiden Kinder gründen wieder eine Familie mit Nachkommen, dieses Mal hat die Frau eine Tochter, der Mann einen Sohn, usw.

Zeichnen Sie diese Familiengeschichte auf ein Blatt Papier und bezeichnen Sie jeweils die verwandtschaftlichen Beziehungen der einzelnen Familienmitglieder untereinander – Kinder, Enkel, Urenkel, Neffen, Kusinen, Onkel, Tanten, usw. Führen Sie den Stammbaum so lange fort, bis Ihnen keine Bezeichnungen der verwandschaftlichen Verhältnisse mehr einfallen.

Wortspiel

Der letzte Buchstabe eines Lösungswortes ist jeweils der Anfangsbuchstabe des nächsten Lösungswortes.

◆ Erster Kanzler der Bundesrepublik Deutschland =
◆ Niederschlag =
◆ Geburtsnarbe =
◆ Blätterwerk der Bäume =
◆ Grundlage =
◆ Held der Nibelungensage =
◆ Herrscht während der Nachtstunden =
◆ Zeiteinheit des Jahres =
◆ Noch nicht erloschenes Feuer =
◆ Andere Bezeichnung für Geschwindigkeit =

Visuelles Training

Wählen Sie ein Foto aus der Tageszeitung aus und betrachten Sie es ein, zwei Minuten lang. Dann legen Sie die Zeitung weg und versuchen, aus der Erinnerung die Einzelheiten des Fotos wiederzugeben. Dabei können Sie sich Notizen machen. Wiederholen Sie den Versuch mit einem anderen Foto. Mit zunehmender Übung werden Sie sich an immer mehr Einzelheiten erinnern können.

Wortspiel

Bei diesen Worten ist die Abfolge der Buchstaben durcheinander geraten. Wie lauten die Begriffe richtig?

◆ FELOTEN (Kommunikationstechnik) =
◆ GLUFGEZU (Luftverkehrsmittel) =

◆ MABU (Pflanze) =
◆ SECHLAF (Behältnis) =
◆ SIKER (geometrische Figur) =
◆ SENSEH (Bundesland) =
◆ RENDIK (Nachkommen) =
◆ PESCHRA (Verständigungsmittel) =
◆ SERI (asiatische Getreideart) =
◆ TISNAP (Gemüse) =

Fünfter Übungstag

Entwirrspiel

Auch im Computerzeitalter kommen sie noch vor: die Druckfehler.
In diesem Fall hat der PC sich gleich drei Fehler geleistet: Er hat alle
Worte zusammengeschrieben. Und außerdem das E mit dem K ver-
wechselt. Überdies fehlen sämtliche Satzzeichen.
Nun gilt es, den Text zu entwirren. Glauben Sie, dass Ihnen dieses
Entwirrspiel gelingt?

IMAUGENBLICKWIRDINDERALTSTADTBKTHLKHKMSMIT
SCHWKDISCHKRUNDDKUTSCHKRFINANZHILFKEKINK-
FUSSGÄNGKRZONKKINGKRICHTKTIMMAIWIR
DINBRÜSSKLÜBKRDASAUFTRKIBKNVONGKLD
KRNBKRATKNDASKOMITKKVKRANSCHLAGT100MIL
LIONKNDOLLARFÜRDIKINFRASTRUKTUR30MIL
LIONKNFÜRDIESANIKRUNGVONALTSTADTKKRNKNUND
FASSADKNUNDWKITKRK50BIS70MILLIONKNFÜRDIKKUL
TURKLLKNVKRANSTALTUNGKN.

Assoziationen

Tiere werden mit bestimmten Eigenschaften in Verbindung gebracht. So spricht man beispielsweise von einem „scheuen Reh" oder einem „eitlen Pfau". Ordnen Sie den nachstehenden Tieren die folgenden Eigenschaften zu:

Dummheit, Stolz, Schlauheit, Mut, Fleiß, Weisheit, Falschheit, Unglück, Angst, Stärke, Flinkheit, diebisches Wesen.

- ◆ Esel =
- ◆ Eule =
- ◆ Biene =
- ◆ Rabe =
- ◆ Löwe =
- ◆ Hase =
- ◆ Elster =
- ◆ Fuchs =
- ◆ Schlange =
- ◆ Hahn =
- ◆ Gazelle =
- ◆ Bär =

Anagramme

Natürlich kennen Sie das Wort OSTERHASE. Was Sie aber vermutlich nicht wissen: Aus diesem Wort lassen sich mehr als 500 andere Wörter bilden. Wie? Indem Sie die in dem Wort OSTERHASE enthaltenen Buchstaben neu zusammensetzen. Dabei können durchaus Buchstaben übrig bleiben, nur hinzufügen dürfen Sie keine.

Beispiele: ER
HOSE
OST
REST

Versuchen Sie, möglichst viele solcher Anagramme zu finden. Wenn Ihnen zu OSTERHASE nichts mehr einfällt, nehmen Sie sich ein neues Wort – MASCHINENHALLE oder URLAUBSORT zum Beispiel – und versuchen, möglichst viele neue Worte daraus zu bilden.

Bilderrätsel

Was – so glauben Sie – stellen diese Abbildungen dar? Um was für Gegenstände könnte es sich handeln? Wie alt dürften Sie Ihrer Ansicht nach sein?

Sechster Übungstag

Wissenstest
Erklären Sie möglichst schnell nacheinander:
Zeitungsente – Badewannenstöpsel – blauer Montag – Tippfehler – Eigentor – Bettgeflüster – Hering – Mixedpickles – Putzteufel – Tuchfühlung

Wortspiel
Suchen Sie möglichst viele Worte mit doppelter Bedeutung, z. B. Feder = Vogelfeder und Spiralfeder, Tor = Eingangstor und Fußballtor. Sie sollten innerhalb von fünf Minuten mindestens zehn solcher Begriffe finden.

Knobelaufgabe

Bei einem Schiffsuntergang kann sich eine Familie auf eine einsame Insel retten. Einziges Nahrungsmittel: ein Korb voll Brötchen. Der Vorrat würde für den Mann allein 15 Tage, nur für seine Frau 20 Tage und nur für das Kind 30 Tage reichen. Wie lange reicht der Vorrat für alle drei gemeinsam?

Wortspiel

Suchen Sie möglichst viele zusammengesetzte Worte, die auch in umgekehrter Zusammensetzung einen Sinn haben, z.B. Radsport – Sportrad oder Hochhaus – haushoch. Innerhalb von drei Minuten sollten Ihnen mindestens fünf derartige Begriffe einfallen.

Stegreifreime

Dichten Sie einen Reim zum Thema Wetter!

Beispiel: Im Regen mag ich mich nicht bewegen
            Der Wind, der Wind, das himmlische Kind

Versuchen Sie, ähnliche Reime zu den Begriffen Schnee, Hagel, Sonne, Himmel, Wolken, Frost oder Tau zu bilden.

Natürlich können Sie Ihrer Fantasie hier freien Lauf lassen und sich auch zu anderen Themengebieten etwas einfallen lassen, wie zum Beispiel zu den Tageszeiten, zum Essen, zum Urlaub, zu Hobbys oder zur Arbeit.

Siebter Übungstag

Wortspiel

Suchen Sie möglichst viele Worte, in denen eine Farbe vorkommt, so z. B. Rotkehlchen, Blaustrumpf, Schwarzseher.

Knobelaufgabe

Heinz ist 24 Jahre alt. Damit ist er doppelt so alt wie sein Bruder Fritz zu jener Zeit war, als Heinz so alt war wie Fritz heute. Wie alt ist also Fritz?

Wissenstest

◆ Was ist die Milchstraße?
◆ Was heißt ICE?
◆ Wo befindet sich die Metropolitan Opera?
◆ Welchen Beruf hatte George Orwell?
◆ Welcher Nationalität war der Maler Picasso?
◆ Wer hat den Dieselmotor erfunden?
◆ In welchem Land liegt der höchste Berg der Alpen?
◆ Was bedeutet HiFi?
◆ Wo entspringt der Rhein?
◆ War Beethoven ein Politiker?

Wortspiel

Versuchen Sie möglichst viele zusammengesetzte Begriffe zu finden, die entweder das gleiche Anfangs- oder Endwort haben.

Beispiele: Flugfeld, Fußballfeld, Kornfeld
            Sommerschuh, Sommerblume, Sommerwetter
            usw.

Begriffsfelder

Suchen Sie den logischen Zusammenhang zwischen verschiedenen Begriffen. Alle auf der folgenden Seite angeführten Begriffe entstammen dem Themenbereich Küche. Jeweils vier von ihnen stehen in einem logischen Zusammenhang, wie zum Beispiel: Mülleimer – Abfall – Kompost – Kehrschaufel.
Versuchen Sie die angeführten Begriffe so zu ordnen, dass sie in einer logischen Reihe stehen.

Teller	Schublade	Senfglas	Kühlschrank
Eierkocher	Ölflasche	Stuhl	Tasse
Schrank	Spülmaschine	Tisch	Salzfass
Kanne	Kaffeemaschine	Zuckerdose	Unterteller

Achter Übungstag

Gedächtnistraining

Nennen Sie jeweils fünf Komponisten, Schriftstellerinnen, Filmschauspieler, Sängerinnen, Maler oder Sportlerinnen, was immer Ihnen einfällt. Innerhalb von einer Minute sollten Sie möglichst fünf Beispiele einer Gruppe finden.

Wortspiel

Ersetzen Sie alle Buchstaben des Alphabets durch Zahlen: A = 1, B = 2, C = 3, D = 4, usw. Schreiben Sie Buchstaben und Zahlen übersichtlich auf ein Blatt Papier, sodass Sie jederzeit erkennen können, welche Ziffern zu welchen Buchstaben passen. Suchen Sie sich Ziffern und Buchstaben einzuprägen.

Und nun schreiben Sie Ihren eigenen Namen, Ihren Wohnort, andere Städtenamen usw. mithilfe dieses „Zahlenalphabets". Nachdem Sie eine Reihe solcher Worte geschrieben haben, gehen Sie den umgekehrten Weg: Versuchen Sie die Zahlen aus dem Gedächtnis wieder in Worte zurückzuübersetzen. Bemühen Sie sich, so lange wie möglich auf Ihre Notizen zu verzichten und allein auf Ihr Gedächtnis zu vertrauen. Falls Sie Fehler gemacht haben, können Sie diese später korrigieren.

Gedächtnistraining

Konzentrieren Sie sich auf ganz alltägliche Erfahrungen: Wie viele Türen oder Fenster hat Ihre Wohnung? Wie viel Geld haben Sie derzeit auf dem Konto? Oder im Haus? Wie viele Sender kann Ihr Rundfunkgerät, Ihr Fernseher empfangen? Wie viele Kleiderbügel hängen in Ihrem Schrank? Wie viele Stufen führen auf den Dachboden oder in den Keller?

Haben Sie schon einmal darauf geachtet? Suchen Sie nach weiteren, ähnlichen Beispielen. Und wenn Sie die Antwort nicht sofort wissen, sollten Sie eine Schätzung notieren und erst danach diese Zahl nachprüfen.

Neunter Übungstag

Wortspiel

Was heißt NOITASINAGRO? Natürlich „Organisation", rückwärts geschrieben. Versuchen Sie auf dieselbe Weise möglichst viele Wörter zunächst rückwärts zu schreiben, dann rückwärts zu sprechen. Wenn Sie mehr Übung haben, verzichten Sie auf Notizen. Beginnen Sie mit einfachen Beispielen wie SUAH.

Versuchen Sie sich schließlich an komplizierteren Beispielen wie etwa „Gleissstellwerk" oder „Hörfunkdirektion". Lassen Sie beim Sprechen keine Ungenauigkeiten zu. Versuchen Sie auch ungewohnte Buchstabenfolgen möglichst exakt auszuprechen. Bemühen Sie sich herauszufinden, ob sich im Laufe der Zeit Ihr Blick für geschriebene Wörter verändert, ob Sie bereits auf den ersten Blick erkennen können, wie ein bestimmtes Wort rückwärts gesprochen klingt und welche Worte sich dafür am besten eignen.

Visuelles Training

Beobachten Sie den Himmel. Prägen Sie sich die Wolkenformationen möglichst genau ein. Verfolgen Sie die Bewegungen, Farben und Formen der Wolken etwa drei Minuten lang.

Dann machen Sie eine Pause: Blicken Sie mindestens fünf Minuten lang nicht mehr zum Himmel. Beschäftigen Sie sich in der Zwischenzeit mit etwas anderem. Anschließend prüfen Sie nach, ob und wie sich der Himmel inzwischen verändert hat. Welche Wolken haben ihre Form und Farbe verändert, wohin sind sie weitergezogen, welche neuen Formationen gibt es?

Wiederholen Sie diese Übung mehrfach und Sie werden feststellen, dass sich das Auge an bestimmte Formen gewöhnen muss. So erscheinen die meisten Wolken zunächst unregelmäßig, ihre Form sucht sich der Erinnerung zu entziehen. Erst nach mehreren Versuchen beginnen sich die Formen wirklich einzuprägen.

Wortketten

Bilden Sie kurze Wortketten unterschiedlichen Inhalts nach dem Prinzip, dass jeder Satz mit dem letzten Buchstaben des vorhergehenden beginnt: Bernd badet – Theo turnt – Tilo spielt Ball – Ludwig fährt Schlitten – usw.

Suchen Sie sich verschiedene Themenbereiche wie Sport, Film oder Musik.

Gedächtnistraining

Betrachten Sie genau die folgenden Ziffernfolgen und versuchen Sie, sich jede einzelne einzuprägen.

Telefonnummer	089 – 52 56 48
Geburtsdatum	19.5.1938
Wohnfläche (qm)	64,5
Körpergewicht (kg)	72

Dann decken Sie diese Zahlen mit einem Blatt Papier ab und versuchen, sie aus dem Gedächtnis in den untenstehenden Ziffernkombinationen wiederzufinden:

80,2	069 – 52 11 22	91	20.8.1942
95,5	040 – 52 56 48	72	19.5.1938
64,5	089 – 52 56 48	65	15.12.1964

Zehnter Übungstag

Bedeutungsfelder

Jeweils drei der hier aufgelisteten Formulierungen haben eine ähnliche Bedeutung. Welche Formulierungen können Sie zu einer Gruppe zusammenfassen?

◆ sich freuen
◆ sich aus dem Staub machen
◆ den Kopf verlieren
◆ sich den Mund verbrennen
◆ aufs Dach steigen
◆ aus der Schule plaudern
◆ sich die Hände reiben
◆ außer sich sein
◆ den Marsch blasen
◆ die Segel streichen
◆ sich ins Fäustchen lachen
◆ nicht den Mund halten
◆ aus dem Häuschen sein
◆ die Waffen strecken
◆ eine Strafpredigt halten

Visuelles Training

Setzen Sie sich in ein Straßencafé. Betrachten Sie die vorbeigehenden Menschen. Achten Sie auf Gang, Kleidung, Gesichtszüge, Frisur und Besonderheiten wie Schirm, Hut, Kinderwagen usw. Einige Passanten werden Ihnen unauffällig, andere wieder besonders einprägsam erscheinen.

Versuchen Sie etwa alle fünf Minuten, also in kleinen Raten, Ihre Eindrücke zusammenzufassen. Rufen Sie in Ihrem Gedächtnis ab, was Sie gesehen haben. Versuchen Sie eine Liste Ihrer Favoriten zu erstellen: Wer ist Ihnen aufgefallen, wer hat Ihnen am besten gefallen, wer überhaupt nicht? Suchen Sie herauszufinden, woran Sie besonders interessiert sind – an Gesichtern, Kleidung oder Körperbewegung. Können Sie Gemeinsamkeiten entdecken?

Versuchen Sie sich ganz auf Ihre Beobachtungen zu konzentrieren, freilich ohne verbissenen Eifer. Lassen Sie die Eindrücke einfach auf sich einströmen.

Gedächtnistraining

Auf der folgenden Seite finden Sie eine Auswahl aus der Getränkekarte eines Restaurants. Es handelt sich um das übliche Angebot. Lesen Sie diese Liste aufmerksam durch. Klappen Sie anschließend das Buch zu und notieren Sie sie möglichst komplett aus dem Gedächtnis.

Noch ein Tipp zum Anfang: Lesen Sie nicht einfach nur Namen und Bezeichnungen. Versuchen Sie vielmehr, sich das jeweilige Getränk bildlich vorzustellen. Eine heiße Tasse Kaffee, ein schöner bittersüßer Espresso, ein Glas heiße Zitrone, so sauer, dass sich die Lippen kräuseln. Sie werden überrascht feststellen, dass Ihr Gedächtnis solche „Genussstützen" gerne annimmt und es Ihnen später viel leichter fällt, sich an diese Getränke zu erinnern.

◆ Orangensaft, frisch gepresst, 0,2 l	DM 4,50
◆ Tonic Water, 0,2 l	DM 4,20
◆ Apfelsaft, 0,2 l	DM 4,00
◆ Heiße Zitrone natur, Glas	DM 4,00
◆ Kaffee, Tasse	DM 3,00
◆ Cappuccino, Tasse	DM 3,50
◆ Espresso, Tasse	DM 3,00
◆ Tee, Glas	DM 3,00
◆ Heiße Milch mit Honig, Glas	DM 4,00
◆ Schokolade mit Sahne, Tasse	DM 4,00
◆ Budweiser Bier, 0,33 l	DM 4,50

Elfter Übungstag

Wortketten

Bilden Sie Ketten aus Wörtern: Jeweils die zweite Worthälfte dient als Anfang des folgenden Wortes. Beispiel: Holz-haus – Haus-tür – Tür-schloss – Schloss-turm – Turm-uhr – usw.
Beginnen Sie mit einem Wort Ihrer Wahl. Wiederholungen sind dabei ausgeschlossen.

Konzentrationsübung

Machen Sie mal Pause! Schließen Sie einfach die Augen und lassen Sie die Gedanken wandern. Denken Sie, was Ihnen gerade einfällt. Und dann, an irgendeiner Stelle, rufen Sie: Stopp! Halten Sie Ihren letzten Gedanken fest. Konzentrieren Sie sich und spinnen Sie diesen Gedanken einige Minuten lang weiter. Lassen Sie sich keinesfalls ablenken; Ihre ganze Aufmerksamkeit gehört diesem Gedanken und Ihrer Konzentration darauf. Anschließend lassen Sie Ihren

Gedanken wieder freien Lauf – bis zum nächsten Stopp. Auch diesen Gedanken spinnen Sie dann wieder konzentriert weiter.

Diese Übung sollten Sie häufiger zwischendurch wiederholen, wann immer Sie Zeit und Gelegenheit dazu haben.

Zahlenspiel
Streichen Sie die Ziffer 4 aus dem folgenden Zahlenfeld:

38575639320193784567568439402847534850109385754 47
85696830474457590590220031012849391267895735593 90
53054035939003895859485403938439424839429027424 2
67056789596855444568138442047549594847236845958 3
42934443739829229174832093844575814465855093202 93
20192102944834575910214923734914549682361541423 562
74565846954907601857362982304834575395766687978 0
80594733625178463785967079585673630584672561436 47
85987687575464348697965791202938374745646578685 76
969870984

Bilderrätsel
Drei Musiker mit ihren Instrumenten. Welcher Musiker spielt welches Instrument?

1   2   3

Zwölfter Übungstag

Wortspiel

Suchen Sie so schnell wie möglich so viele Wörter wie möglich, die mit GELD enden, z.b. KleinGELD.

◆   -GELD
◆   -GELD
◆   -GELD
◆   -GELD
◆   -GELD
◆   -GELD
◆   -GELD
◆   -GELD
◆   -GELD
◆   -GELD
◆   -GELD
◆   -GELD

Zahlenassoziationen

Die Zahl Sieben war bereits zu Urzeiten bei vielen Völkern eine besondere Zahl mit symbolischer Bedeutung. Suchen Sie Wortverbindungen, in denen sie in dieser oder ähnlicher Form vorkommt

Beispiel: Sieben-Meilen-Stiefel
             Sieben Schöpfungstage
             usw.

Wenn Ihnen hierzu nichts mehr einfällt, so suchen Sie Beispiele für die Zahlen Drei und Fünf.

Zahlenspiel

Streichen Sie jedes E aus den folgenden Buchstabenreihen:

DAKLJVGKBVIEFMDVJMSDJFAOALWMWÜVMXVDÄFÄQOD
KYVMSJKDFKLAGFJDIIRUHDFDMVNSKLFIFJAKDVLKF
DIGSOEKJROTRIUTTUTIOIOUWUIEJEEIUOTIOLSKSFJKLGL
VCFLDORWOIEOPIENMFMFNSFKLJGFOFPGHIODPÜGHK
VBMCVSKFSOIPERIUERNMWDMSFJKDSOIWKEKKEKNA
VNMXIJAOIRAFMXKJCSKFHAÖGFIODTMDNEIFMCVKD
FÜASÜAMDÄVÄDJFNMVKDFJKODFIAJFMVUHWE
JEHJEHJKEEEJHNEELHJACNIVDVDLKFJKSLFAJQQIDMNC
BYBVYXVMYBNCSKDÖASÄERIOWIQWWUIERIERUHAHJF
JAKOIPGHKJFOTGÜXGJSÖFJSALFDÖCCSKFDNAWJKLEO
PAEEKFOASFNMAILSGNJVXCUFGSI

Analyse

Nehmen Sie ein Blatt Papier im DIN A4-Format. Zeichnen Sie auf das Papier vier Quadrate, alle vier ungefähr gleich groß, zwei auf die linke, zwei auf die rechte Hälfte der Seite.

Nun tragen Sie auf das linke obere Quadrat alle Ihre Wünsche ein, so wie sie Ihnen gerade in den Sinn kommen. In das linke untere Quadrat schreiben Sie alle diejenigen Ihrer Wünsche, die nach Ihrer eigenen Einschätzung unerfüllbar sind.

Fahren Sie nun mit den beiden Kästen auf der rechten Seite fort. In dem oberen notieren Sie alle Pläne, die Sie sich für die Zukunft vorgenommen haben, die Sie also verwirklichen möchten. In das untere Quadrat tragen Sie alle die Pläne ein, die Sie zwar gerne verwirklichen würden, die sich aber aus unterschiedlichen Gründen aus Ihrer derzeitigen Sicht kaum durchführen lassen. Auf der folgenden Seite finden Sie nochmals die Struktur der Rechtecke:

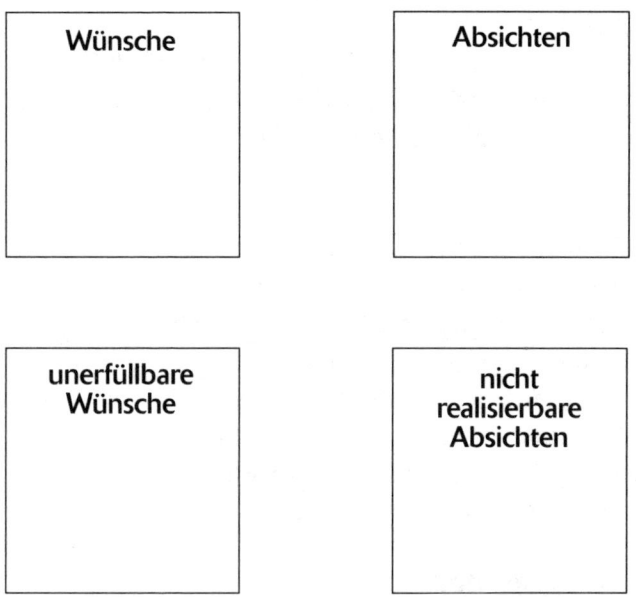

Wünsche	Absichten
unerfüllbare Wünsche	nicht realisierbare Absichten

Haben Sie alle vier Rechtecke ausgefüllt? Dann haben Sie praktisch erlebt, was KONZENTRATION ist. Mehr noch: Sie haben sich ganz auf die Welt Ihrer eigenen Vorstellungen konzentriert.

Dreizehnter Übungstag

Wissenstest

Es gibt über einhundert Staaten auf der Erde. Schreiben Sie innerhalb von 5 Minuten möglichst viele Staaten mit dem Anfangsbuchstaben A auf: Argentinien, ... Wie viele fallen Ihnen ein? Verfahren Sie genauso mit weiteren Buchstaben des Alphabets.

Wortspiel

Nachfolgend finden Sie jeweils zwei Begriffe ähnlicher Bedeutung bzw. des gleichen Bedeutungsfeldes, dazu einen dritten, der nicht in diese Reihe passt. Welcher ist es jeweils?

◆ Juristisch – rechtswissenschaftlich – begeisternd
◆ Kräftig – kooperativ – in Zusammenarbeit
◆ Miserabel – übel riechend – armselig
◆ Freimütig – paramilitärisch – militärähnlich
◆ Volkstümlich – vielfältig – populär
◆ Decouragiert – teilweise – entmutigt
◆ Abflammen – flambieren – wohlschmeckend
◆ Nachteil – Kopfbedeckung – Handicap
◆ Kaliber – Rohrdurchmesser – Stärke

Bedeutungsfelder

In jeder Spalte finden Sie zehn Wörter. Jedes Wort in der ersten Spalte findet Entsprechungen aus dem gleichen Bedeutungsfeld in den übrigen Spalten. Sortieren Sie die entsprechenden Wörter zusammen.

putzen	rennen	parlieren
dividieren	pusten	negieren
reden	werken	abrichten
blasen	speisen	joggen
arbeiten	zurückweisen	vernehmen
hören	reinigen	tafeln
essen	dressieren	tuten
laufen	sprechen	jobben
ablehnen	trennen	säubern
zähmen	erfahren	teilen

Zahlenspiel

Kopfrechnen angesagt: Addieren Sie zuerst $1 + 1 = 2$. Verdoppeln Sie dann jeweils das Ergebnis, also $2 + 2 = 4$, $4 + 4 = 8$, usw. Erst wenn gar nichts mehr geht, können Sie Bleistift und Papier zu Hilfe nehmen.

Vierzehnter Übungstag

Wissenstest

Kennen Sie sich aus, wenn im Reiseprospekt beispielsweise vom Moulin Rouge oder von der Porta Nigra die Rede ist? Was bezeichnen die folgenden Ortsnamen, wo liegen die Orte, in welchem Land, in welchem Erdteil?

Kowloon – Bali – Tahiti – Fiji – Acapulco – Sylt – Teneriffa – Rio de Janeiro – Menorca – Palm Beach

Sprachspiel

Suchen Sie andere Formulierungen für folgende umgangssprachliche Redewendungen:

◆ jemandem einen Bären aufbinden
◆ etwas auf die Spitze treiben
◆ sich ins Fäustchen lachen
◆ jemanden an den Ohren ziehen
◆ den Kopf verlieren
◆ jemandem aufs Dach steigen
◆ sich den Mund verbrennen
◆ die Waffen strecken
◆ jemandem etwas unter die Nase reiben

Parallellesen

Nehmen Sie zwei Bücher, gleichgültig welche. Schlagen Sie jeweils ein Kapitel auf. Dann lesen Sie zunächst in dem einen Buch eine Seite, dann in dem anderen. Dann wieder zurück zum ersten Buch – und abermals zum zweiten Buch, usw.

Nach einiger Zeit werden Sie feststellen, dass es Ihnen immer schwerer fällt, die Inhalte und Zusammenhänge auseinander zu halten. Schulen Sie Ihre geistige Flexibilität und Konzentrationsfähigkeit, indem Sie diese Übung wiederholt durchführen und so Ihre Grenzen erweitern.

Fünfzehnter Übungstag

Analyse

Greifen Sie sich ein Kochbuch. Beim Durchblättern sollten Sie die Rezepte kritisch betrachten. Suchen Sie sich folgende heraus:

◆ das Ihnen am reizvollsten erscheinende Gericht,
◆ ein Gericht, das Ihrem Geschmack am nächsten kommt,
◆ ein Rezept, das Ihnen besonders fremdartig erscheint,
◆ ein Gericht, das Ihnen seit Kindertagen vertraut ist.

Wortspiel

Die nachfolgende Liste enthält Begriffe gleicher Bedeutung, allerdings ungeordnet. Versuchen Sie die zusammengehörigen Wortpaare zu finden.

Granulat – Delinquent – Grimasse – gekörnte Substanz – Aviatik – Schlemmer – Eruption – Flugtechnik – Fiktion – Gourmand – Ausbruch – Gesichtsverzerrung – Erfindung – Übeltäter

Analyse

Denken Sie konzentriert über Ihre Arbeit nach. Beantworten Sie die folgenden Fragen:

◆ Machen Sie Fehler bei Ihrer Arbeit?
◆ Entspricht Ihre derzeitige Position Ihren Wünschen?
◆ Haben Sie Aufstiegsmöglichkeiten?
◆ Sind Sie von Arbeitslosigkeit betroffen oder bedroht?
◆ Ist Ihr Verhältnis zu Ihren Mitarbeitern/Ihrem Chef gut?
◆ Wie könnte es verbessert werden?
◆ Welche Hindernisse stehen einer entsprechenden Verbesserung entgegen?
◆ Haben Sie Wissenslücken, die Ihr Fortkommen behindern?
◆ Hat sich Ihr Berufsbild in den letzten Jahren verändert, ohne dass Sie an dieser Veränderung teilgenommen haben?
◆ Was läuft schief in Ihrem Job?
◆ Welches sind Gründe dafür?

Beruferaten

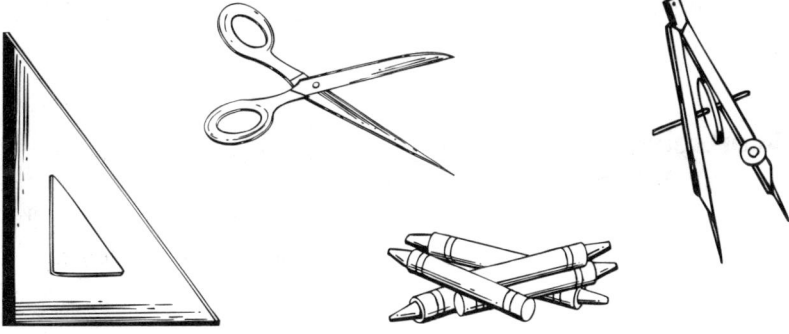

Diese vier Utensilien haben etwas mit einem bestimmten Berufs-zweig zu tun. Mit welchem?

Sechzehnter Übungstag

Wissenstest
Ordnen Sie die folgenden Sehenswürdigkeiten den richtigen Städten zu:

Eiffelturm	Kopenhagen
Brandenburger Tor	Moskau
Tivoli	Wien
Trafalgar Square	Berlin
Roter Platz	Rom
Schiefer Turm	Brüssel
Kapitol	Paris
Colosseum	Pisa
Stephansdom	Washington
Atomium	London

Wortspiel
Jeweils vier Begriffe sind durch das gleiche Grundwort miteinander verbunden. Ein Beispiel: Sand-Uhr, Sonnen-Uhr, Armband-Uhr, Eier-Uhr. Finden Sie das jeweilige Grundwort für die folgenden Begriffe:

Kleider	Besen	Küchen	Keller	_____
Opern	Feder	Abschluss	Hand	_____
Stock	Sonnen	Taschen	Lampen	_____

Stemm	Waffel	Huf	Bügel	_____
Kirchen	Haus	Kammer	Jazz	_____
Stamm	Schlag	Mai	Purzel	_____
Haupt	Biskuit	Papier	Tapeten	_____

Lückentext

Füllen Sie die Lücken im nachfolgenden Zeitungstext aus dem Zusammenhang heraus:

„… wer Spaß an edler Mode … Top-Niveau hat, ist … willkommen. Individualität für Anspruchsvolle wird hier groß geschrieben. Ebenso … ist die entsprechende Präsentation im Geschäft. Den aufgeschlossenen Kundinnen eröffnen sich ganz neue … Der Inhaberin liegt die kompetente und ehrliche Beratung offensichtlich am … Sie lässt sich auch bei der Konfektion nicht auf das vorherrschende Schlankheitsideal … Neben dem freundlichen Service sind zusätzliche Events ihre Stärke. Bühnenshows, Moderevuen und Partys … die Kundinnen und präsentieren auf sehr lebendige … die Trends der jeweiligen Saison."

Siebzehnter Übungstag

Wortspiel

Insgesamt 20 Begriffe, von denen einige doppelt aufgeführt sind. Welche Begriffe bilden je ein Paar?

Inhalieren – Bürgschaft – Ergebnis – einatmen – Steinschmelze – Zuckergebäck – Pergola – Gegensatz – Kaution – Korrektur – Nappa – Richtigstellung – Opposition – Meringe – Lava – Vulkan – Glaceeleder – Lösung – Laube – Sinnbild

Analyse

Zeitungsleser haben eindeutige, meist unbewusste Vorlieben. Welche haben Sie? Beobachten Sie sich selbst beim Zeitunglesen. Starten Sie auf Seite 1? Oder bei einem bestimmten Thema? Analysieren Sie genau, wo Ihre Schwerpunkte liegen und ob Ihre Tageszeitung Ihren Neigungen gerecht wird. Finden Sie sich nicht mit pauschalen Urteilen der Art ab: „Ich bin mit meiner Tageszeitung zufrieden." Stellen Sie vielmehr alles in Frage und versuchen Sie, handfeste Antworten zu finden.

Zahlenspiel

Suchen Sie aus den folgenden Zahlen jene heraus, die nur aus ungeraden Ziffern bestehen:

2356	7891	7753	9852	9803	8763	9853	3579	7315	7462
0957	8642	8264	9931	2456	7634	7682	1135	8735	9071
2264	0931	9930	1286	2239	9900	1532	5793	0945	2674
3874	1287	3357	0982	1278	8235	1265	2376	8844	3551
8830	6539								

Visuelles Training

So schrieb man vor der Erfindung des Buchdrucks. In Klöstern malten kunstsinnige Mönche in jahrelanger, mühsamer Arbeit Buchstaben für Buchstaben. Vor allem die Initialen, die Anfangsbuchstaben der einzelnen Kapitel, wurden kunstvoll ausgeführt.

Nun betrachten Sie die drei Zeichnungen, Beispiele für die mittelalterliche Schreibkunst. Was haben die einzelnen Buchstaben gemeinsam?

Achtzehnter Übungstag

Wortspiel
Verknüpfen Sie jeweils vier Begriffe zu einem sinnvollen Satz.

Bauch	Arzt	Schmerzen	Essen
Sonne	Reise	Arbeit	Geld
Musik	CD	Lautstärke	Nachbarn
Liebe	Paar	Harmonie	Kinder
Markt	Gemüse	Kochen	Gesundheit
Fußball	Freizeit	Stadion	Tor
Auto	Panne	Werkzeug	Hilfe
Baum	Wind	Weite	Blätter
Schule	Lehrer	Atlas	Berg
Bücher	Abenteuer	Fantasie	Traum

Wissenstest
Versuchen Sie einigen seltsamen Alltagserfahrungen auf den Grund zu gehen. Denken Sie dabei logisch und nehmen Sie Ihr Schulwissen zu Hilfe:

- Warum quietscht Kreide, wenn man sie in einer bestimmten Art über eine Tafel führt?
- Warum herrscht nach Schneefall eine so auffällige Stille?
- Warum kann man einen flachen Stein, in spitzem Winkel geworfen, über die Wasseroberfläche springen lassen?
- Warum steigt Zigarettenrauch zunächst senkrecht auf und löst sich erst dann in kleine Wirbel auf?
- Warum ist die Innenseite von Kuchenformen schwarz?
- Warum sind die meisten Wolken weiß, Gewitterwolken schwarz?
- Warum sieht man Flecken, nachdem man längere Zeit in den klaren Himmel geblickt hat?
- Warum sammeln sich Teeblätter beim Umrühren in der Mitte der Tasse?

Städteraten

Suchen Sie für jeden Buchstaben des Alphabets eine deutsche Stadt mit dem entsprechenden Anfangsbuchstaben.

A:	B:	C:
D:	E:	F:
G:	H:	I:
J:	K:	L:
M:	N:	O:
P:	Q:	R:
S:	T:	U:
V:	W:	X:
Y:	Z:	

Neunzehnter Übungstag

Assoziationen

Hier sind 32 Begriffe. Wählen Sie jeweils vier aus, die in einem sinnvollen Zusammenhang zueinander stehen.

Anziehungskraft – Kälte – Gedächtnis – Magnetismus – Turm – Vergesslichkeit – Wohnung – Schrift – Höhe – Radfahrer – Annäherung – Autobahn – Lärm – Papier – Zimmer – Konzentration – Senkrechte – KFZ – Zusammenhang – Eis – Ohr – Schrank – Buch – Kopf – Winter – Musik – Jahreszeit – Architektur – Verkehr – Lesen – Einrichtung – Ton

Wortspiel

Suchen Sie zehn Wörter, in denen andere Begriffe stecken.

Beispiel: Flegel   Fl-Egel
              Studenten   Stud-Enten

Visuelles Training

Blicken Sie in den Spiegel und achten Sie auf

◆ Ihre Nase – ist sie klein, groß, breit, fleischig?
◆ Ihre Ohren – sind sie hoch oder tief angesetzt?
  Gleich hoch? Abstehend?
◆ Ihre Augen – sind sie freundlich, hart, wachsam?
◆ Ihren Mund – ist er dünn, voll, breit? Hat er Lachfalten?
  Nach unten geneigte Mundwinkel?

Konzentrieren Sie sich ganz auf sich selbst. Suchen Sie herauszufinden, ob sich in Ihrem Gesicht gewisse Charaktereigenschaften ausdrücken.

Paradoxe Probleme

Die Konzentration wird auch geschult, wenn Sie sich in ein Problem vertiefen, das Ihre gesamte Aufmerksamkeit und Denkfähigkeit beansprucht. Besonders gut eignen sich hier paradoxe Probleme, die sich mit gesundem Menschenverstand kaum lösen lassen, da sie einen inneren, nicht auflösbaren Widerspruch enthalten. Stellen Sie sich zum Beispiel vor, jemand sagt zu Ihnen: „Ich lüge!" Können Sie ihm nun glauben oder nicht? Sagt er die Wahrheit, indem er behauptet „ich lüge"? Oder lügt er – und spricht damit in diesem Moment eben doch die Wahrheit, indem er sagt: „Ich lüge"? Paradox, nicht wahr?

Hier nun ein paradoxes Problem für Sie:
Stellen Sie sich vor, dass Sie zehn leere Schachteln vor sich haben, jeweils beschriftet mit den Ziffern 1 bis 10. Während Sie sich nun in Ihrer Vorstellung abwenden, versteckt eine Freundin oder ein Freund in einer der Schachteln ein Ei. Sie drehen sich wieder um und stehen vor folgender Aufgabe: „Öffne die Schachteln der Reihe nach. Ich garantiere dir, dass du in einer der Schachteln völlig unerwartet ein Ei finden wirst. Achte darauf, was ich gesagt habe: Unerwartet! Du bist nicht in der Lage festzustellen, in welcher Schachtel das Ei versteckt ist, bis du sie geöffnet hast."

Zwanzigster Übungstag

Meditation

Setzen Sie sich in Ihren bequemsten Sessel und versuchen Sie, buchstäblich nichts zu denken. Suchen Sie sich jedem aufsteigenden Gedanken zu entziehen. Versuchen Sie keinesfalls, Ihre Gedanken wandern zu lassen. Konzentrieren Sie sich ganz aufs Nicht-Denken.

Um es klar zu sagen: Es ist grundsätzlich nicht möglich, den Kopf einfach abzuschalten, an absolut nichts zu denken. Deshalb ist die Erfahrung so reizvoll, den Verstand in eine Richtung zu lenken, die er eigentlich nicht einschlagen will. Am besten gelingt das, wenn Sie immerzu denselben – möglichst unbedeutenden – Gedanken wiederholen und damit den Verstand für andere, aufsteigende Gedanken blockieren.

Eselsbrücken

Von Telefonnummern können sich viele Menschen bestenfalls die ersten drei Ziffern merken. Und der Rest? Angenommen, eine Telefonnummer lautet 123 23 58. Davon bleiben die ersten drei Ziffern in Erinnerung. Nun geht es darum, auch für die übrigen vier Ziffern einen Weg in das Gedächtnis zu öffnen. Dabei hilft eine Eselsbrücke: Indem man bei diesem Beispiel nicht einfach an Ziffern, sondern an „zwei Minuten vor Mitternacht" denkt.

Auf ähnliche Weise kann man den eigenen Geburtstag, eine Hausnummer oder ähnliche Gedächtnisstützen zu Hilfe nehmen. Suchen Sie sich zehn Beispiele aus Ihrem eigenen Lebensbereich. Notieren Sie die Zahlen und die dazu passenden „Eselsbrücken".

Gedächtnistraining

Konzentrieren Sie sich auf Ihre Erinnerung. Kramen Sie in Ihrer Vergangenheit. Suchen Sie nach:

◆ Ihrem ersten Geburtstag, an den Sie sich erinnern können
◆ Ihrem ersten Schulerlebnis
◆ Ihrem ersten Lieblingsspielzeug
◆ Ihrem ersten Berufserlebnis
◆ Ihrem ersten Freund, Ihrer ersten Freundin
◆ Ihrem ersten Kino- oder Theaterbesuch
◆ Ihrem ersten Auto

- Ihrem ersten Urlaub
- Ihrem ersten eigenen Verdienst
- Ihrer ersten eigenen Wohnungseinrichtung

Wortspiel

Vier der folgenden Begriffe lassen sich durch einen Oberbegriff zusammenfassen. Beispiel: Ente, Adler, Meise, Strauß – Vogel. Finden Sie die jeweiligen Oberbegriffe:

Neckar	Main	Lahn	Mosel
Rock	BH	Seidenstrumpf	Bluse
Kasperlepuppe	Bilderbuch	Legostein	Buntstifte
Katze	Wal	Pferd	Hund
Kolumbien	Ecuador	Argentinien	Chile
Regenschauer	Wirbelsturm	Eisregen	Föhn

Einundzwanzigster Übungstag

Assoziationsketten

Versuchen Sie, Wortketten von logischen Zusammenhängen zu konstruieren, die wie in einem Kreislauf wieder in dem ersten Wort münden. Beginnen Sie mit einem Begriff Ihrer Wahl und bilden Sie eine möglichst lange Kette, bevor Sie den Kreis wieder zum ersten Wort hin schließen.

Beispiel: Wald – Baum – Holz – Holzmöbel – Einrichtung – Wohnung – Umzug – neue Wohnung – neue Möbel – Holzmöbel – Holz – Baum – Wald.

Kreatives Zeichnen

Nachstehend finden Sie acht einfache Formen, die sich in vielen Gegenständen unserer Umwelt wiederfinden. Konzentrieren Sie sich auf die einfachen Muster in Ihrer Umgebung und lassen Sie sich davon inspirieren Ergänzen Sie die untenstehenden Formen zu komplexeren Begriffen. Ein Beispiel: Aus einem Quadrat lässt sich z. B. ganz leicht ein Haus zeichnen, aus einem Kreis etwa ein Gesicht, usw.

Wissenstest

Was bedeuten die folgenden Abkürzungen?

- ◆ bzw. =
- ◆ betr. =
- ◆ NATO =
- ◆ EG =
- ◆ SEATO =
- ◆ u.a. =
- ◆ U.A.w.g. =
- ◆ b.w. =
- ◆ s.u. =
- ◆ BND =

Lösungen

Erster Übungstag, Seite 32

Assoziationen: Daumen – Himmel – Schlaf – Stuhl – Kino – Hexe – Wind – Lärm – Sonne – Auto

Dritter Übungstag, Seite 34

Zahlenspiel: 2, 7, 34

Visuelles Training: Gemeinsamkeiten sind z. B. Essen, Trinken, Hunger, Durst, Schmecken, Geniessen, Kauen, Schlucken, Nahrungsmittel, Ernährung

Vierter Übungstag, Seite 36

Wortspiel: Adenauer – Regen – Nabel – Laub – Basis – Siegfried – Dunkelheit – Tag – Glut – Tempo

Wortspiel: Telefon – Flugzeug – Baum – Flasche – Kreis – Hessen – Kinder – Sprache – Reis – Spinat

Fünfter Übungstag, Seite 37

Entwirrspiel: Im Augenblick wird in der Altstadt Bethlehems mit schwedischer und deutscher Finanzhilfe eine Fußgängerzone eingerichtet. Im Mai wird in Brüssel über das Auftreiben von Geldern beraten. Das Komitee veranschlagt 100 Millionen Dollar für die Infrastruktur, 30 Millionen für die Sanierung von Altstadtkern und Fassaden, und weitere 50 bis 70 Millionen für die kulturellen Veranstaltungen.

Assoziationen: Dummheit – Weisheit – Fleiß – Unglück – Mut – Angst – diebisches Wesen – Schlauheit – Falschheit – Stolz – flink – Stärke

Anagramme: Beispiele – Rot, Rost, Stoer, Stereo, Stroh, Star, hat, Hast, Horst, Heer, Oase, Oese, Rast, rase, Aster

Bilderrätsel: Es handelt sich um die Abbildungen antiker Münzen, die vor über 2 000 Jahren als Zahlungsmittel im römischen Reich oder Griechenland im Umlauf waren.

Sechster Übungstag, Seite 39

Wortspiel: (Beispiele) Stift – Lehrling und Schreibstift, Stock – Blumenstock und Gehstock, Tafel – Esstafel und Schreibtafel, Hahn – Tier und Wasserhahn, Oldie – alter Schlager und Senior, Lösung – Rätselergebnis und Flüssigkeit, Bauer – Landwirt und Vogelkäfig, Futter – Tiernahrung und Innenseite von Kleidungsstücken, Börse – Geldbeutel und Wertpapierzentrale, Mark – Währung und Knocheninneres, Spitze – Textilstück und Endstück von Turm oder Stab, Laden – Verkaufsgeschäft und Fensterschutz, Pfeife – Signalgerät und Raucherutensil

Knobelaufgabe: Angenommen, das Kind isst täglich ein Brötchen, dann würde der Vorrat aus 30 Brötchen bestehen. Der Mann isst dann täglich zwei, die Frau jeden Tag anderthalb Brötchen. Alle drei zusammen essen also täglich 1 + 2 + 1,5 = 4,5 Brötchen. Die 30 Brötchen reichen also genau 6,6 Tage.

Wortspiel: (Beispiele) Schuhleder – Lederschuh, Kuhmilch – Milchkuh, Blumentopf – Topfblumen, Giftpilz – Pilzgift, Schrankwand – Wandschrank, Suppentasse – Tassensuppe, Latzhose – Hosenlatz, Mützenschirm – Schirmmütze, Regallager – Lagerregal

Siebter Übungstag, Seite 40

Wortspiel: Beispiele – Blaubart, Blaubeere, Blaulicht, Blaumeise, Blaustrumpf, Braunbär, Braunkohle, Braunschweig, Graubart, Graubrot, Graubünden, Grauschleier, grauer Star, Grünalge, Gründonnerstag, grüner Star, grüne Minna, Gelbfieber, Gelbfilter, Gelbsucht, gelbe Karte (Fußball), gelbes Trikot (Radsport), Rotbarsch, Rotbuche, Rotdorn, Rotfuchs, Rotkäppchen, Rotes Kreuz, Rote Bete, rote Grütze, Infrarotlicht

Knobelaufgabe: 18 Jahre

Wissenstest: Sonnensystem – International City Express – New York – Schriftsteller – Spanier – Rudolf Diesel – Frankreich – High Fidelity – Schweiz – nein, Komponist.

Wortspiel: Beispiele – Schiffsreise, Schiffsschraube, Schiffsjunge; Fingerring, Fingernagel, Fingerhut, Fingerspiel; Ofenrohr, Ofenbank, Ofenwärme; Kuchenteller, Suppenteller, Wandteller; Hutschachtel, Pralinenschachtel, Streichholzschachtel; Lehrbuch, Bilderbuch, Lesebuch

Begriffsfelder: Teller – Kanne – Tasse – Unterteller; Eierkocher – Kühlschrank – Spülmaschine – Kaffeemaschine; Schrank – Stuhl – Tisch – Schublade; Ölflasche – Zuckerdose – Senfglas – Salzfass

Zehnter Übungstag, Seite 45

Bedeutungsfelder: sich freuen – sich die Hände reiben – sich ins Fäustchen lachen; aus dem Häuschen sein – den Kopf verlieren – außer sich sein; sich aus dem Staub machen – die Segel streichen – die Waffen strecken; den Mund verbrennen – aus der Schule plaudern – nicht den Mund halten; den Marsch blasen – eine Strafpredigt halten – aufs Dach steigen

Elfter Übungstag, Seite 48

Bilderrätsel: 1. Trompete, 2. Posaune, 3. Klarinette

Zwölfter Übungstag, Seite 49

Wortspiel: Beispiele – Münzgeld, Taschengeld, Haushaltsgeld, Urlaubsgeld, Falschgeld, Strumpfgeld, Weihnachtsgeld, Tauschgeld, Spielgeld, Lösegeld, Wechselgeld, Geschäftsgeld

Zahlenassoziationen: 7 Tugenden, 7 Weltwunder, 7 Wochentage, 7 Todsünden, 7 Sakramente, Der Wolf und die Sieben Geißlein

Dreizehnter Übungstag, Seite 51

Wissenstest: Beispiele – Andorra, Algerien, Ägypten, Argentinien, Äthiopien, Australien

Wortspiel: begeisternd – kräftig – übel riechend – freimütig – vielfältig – teilweise – wohlschmeckend – Kopfbedeckung – Stärke

Bedeutungsfelder: putzen – reinigen – säubern; dividieren – trennen – teilen; reden – parlieren – sprechen; blasen – pusten – tuten; arbeiten – werken – jobben; hören – vernehmen – erfahren; essen – speisen – tafeln; laufen – rennen – joggen; ablehnen – negieren – zurückweisen; zähmen – dressieren – abrichten

Vierzehnter Übungstag, Seite 53

Wissenstest: Stadtteil von Hongkong – indonesische Insel – Insel in der Südsee – Inselgruppe in der Südsee – Mexiko – Nordsee – Spanien – Brasilien – Mittelmeer-Insel – Florida

Sprachspiel: jemandem einen Bären aufbinden – jemandem eine Unwahrheit erzählen; etwas auf die Spitze treiben – etwas zum Äußersten treiben; sich ins Fäustchen lachen – schadenfroh lachen; jemanden an den Ohren ziehen – jemanden bestrafen; den Kopf verlieren – in Panik geraten; jemandem aufs Dach steigen – jemanden zur Rechenschaft ziehen; sich den Mund verbrennen – unbedacht reden; die Waffen strecken – aufgeben; jemandem etwas unter die Nase reiben – jemanden deutlich auf etwas hinweisen

Fünfzehnter Übungstag, Seite 54

Wortspiel: Granulat – gekörntes Material; Grimasse – Gesichtsverzerrung; Gourmand – Schlemmer; Aviatik – Flugtechnik; Delinquent – Übeltäter; Eruption – Ausbruch; Fiktion – Erfindung

Beruferaten: Es handelt sich um das „Handwerkszeug" für grafische Berufe, also für Grafiker, technische Zeichner o. ä.

Sechzehnter Übungstag, Seite 56

Wissenstest: Paris – Eiffelturm; Berlin – Brandenburger Tor; Kopenhagen – Tivoli; London – Trafalgar Square; Moskau – Roter Platz; Pisa – Schiefer Turm; Washington – Kapitol; Rom – Colosseum; Wien – Stephansdom; Brüssel – Atomium

Wortspiel: Schrank, Ball, Schirm, Eisen, Musik, Baum, Rolle

Lückentext: auf – herzlich – bedeutend – Perspektiven – Herzen – ein – überzeugen – Weise

Siebzehnter Übungstag, Seite 57

Wortspiel: inhalieren – einatmen; Kaution – Bürgschaft; Korrektur – Richtigstellung; Lava – Steinschmelze; Meringe – Zuckergebäck; Nappa – Glaceeleder; Opposition – Gegensatz; Pergola – Laube

Achtzehnter Übungstag, Seite 59

Wissenstest:

◆ Kreide quietscht, weil sich beim Schreiben kleine Kreideteilchen ablösen und auf der Tafel haften bleiben, wobei sie gewissermaßen als „Schotterbelag" zwischen Tafel und Kreideblock wirken, welcher bei einer bestimmten Stellung die Kreide zum Vibrieren bringt – diese Vibration wird als Quietschen hörbar.

◆ Der Schnee, der ja keine geschlossene Fläche ist, sondern aus locker verbundenen Eiskristallen besteht, wirkt wie eine schallschluckende Isolierschicht.

◆ Der Stein, schräg geworfen, berührt mit der Hinterkante die Wasseroberfläche, was sein Eintauchen verhindert und ihn weiterspringen lässt.

◆ Wärme steigt bekanntlich auf, also auch der warme Zigarettenrauch. Erst wenn er sich etwas abgekühlt hat, wird der Aufstieg gebremst und der Rauch beginnt sich zu verteilen.

◆ Dunkle Oberflächen schlucken Strahlung – zu der auch Wärme gehört – stärker als helle Flächen, weshalb die Wärme in der dunklen Kuchenform besser gespeichert wird.

◆ Nicht-Regenwolken bestehen aus großen Wassertropfen, die wie kleine Spiegel das Sonnenlicht reflektieren und die Wolken hell erscheinen lassen. Regenwolken enthalten dagegen viel mehr Wassertropfen, weshalb das von oben auftreffende Sonnenlicht gar nicht erst in die Wolken eindringen kann, sondern nach oben reflektiert wird. Von unten betrachtet, erscheinen also diese Wolken als dunkel.

◆ Die Flecken sind Schatten der Blutgefäße im Auge. Diese Flecken sind eigentlich immer vorhanden, werden aber gewöhnlich vom Sehzentrum des Gehirns ignoriert – man bemerkt sie nicht. Mit einer Ausnahme: Wenn sich die Blutzellen in den kleinen Blutgefässen ruckartig bewegen und das Gehirn nicht mehr nachkommt, diesen Seheindruck zu unterdrücken. Das geschieht, wenn man einige Zeit auf eine große, helle Fläche blickt.

◆ Beim Umrühren von Tee bewegt sich die Flüssigkeit in Randnähe der Tasse natürlich schneller als im Zentrum – sie muss ja bei ihrer Kreisbewegung einen längeren Weg zurücklegen. Die etwas schwereren Teeblätter machen diese schnellere Drehbewegung am Tassenrand nur verzögert mit, wandern also immer mehr in Richtung Tassenzentrum.

Städteraten: (Beispiele) Augsburg – Berlin – Celle – Düsseldorf – Essen – Frankfurt – Gera – Hamburg – Iserlohn – Jena – Kassel – Ludwigshafen – München – Nürnberg – Osnabrück – Pforzheim – Quedlinburg – Regensburg – Siegen – Tübingen – Ulm – Völklingen – Wasserburg – Xanten – Yach – Zwickau

Neunzehnter Übungstag, Seite 61

Assoziationen: Anziehungskraft – Magnetismus – Annäherung – Zusammenhang; Kälte – Eis – Winter – Jahreszeit; Verkehr – Radfahrer – KFZ – Autobahn; Turm – Höhe – Senkrechte – Architektur; Gedächtnis – Kopf – Vergesslichkeit – Konzentration; Ohr – Ton – Musik – Lärm; Schrank – Einrichtung – Wohnung – Zimmer; Lesen – Buch – Schrift – Papier

Wortspiel: Beispiele – Wald-Ecke – Wal-Decke; Künzels-Au – Künzel-Sau; Filmprojektor – Filmprojek-Tor; Bauer – B-Aue-r; Meditation – Medi-Tat-Ion; Waagerecht – Waage-Recht; Schachtel – Sch-acht-el; Benzinkanister – Ben-Zink-anister; Mülleimer – Mül-Leim-er

Paradoxe Probleme: Nun überlegen Sie. Vermutlich wird das Ei nicht in der 10. Schachtel verborgen sein. Denn nachdem Sie neun Schachteln geöffnet haben, können Sie ja mit Sicherheit davon ausgehen, dass das Ei in der letzten Schachtel steckt. Und dann wäre ja die Behauptung falsch, dass Sie das Ei „unerwartet" finden. Wenn nun aber das Ei in der 9. Schachtel stecken würde? Dann fänden Sie die Schachteln 1 bis 8 leer. Es blieben also nur die Schachteln 9 und 10 übrig. In der 10. Schachtel kann das Ei nicht sein, wie Sie gerade überlegt haben. Also bliebe nur die Nr. 9 übrig. Und abermals würden Sie das Ei nicht „unerwartet" finden. Und wie ist es mit der Schachtel Nr. 8? Die Nummern 1 bis 7 scheiden aus, denn die haben Sie bereits geöffnet. Die Schachteln 9 und 10 ebenfalls, wenn die Überlegung zutrifft, die Sie gerade angestellt haben. Und wenn Sie so ganz logisch weiterdenken, landen Sie zweifellos bei der ersten Schachtel: Nur hier kann das Ei stecken! Doch unerwartet wäre es dann nicht mehr.
Aber gesetzt den Fall, diese erste Schachtel ist leer? Vielleicht weil Ihr Spielpartner Ihre Schlussfolgerungen vorausgesehen hat? Dann finden Sie Ihr Ei vielleicht schließlich in der achten Schachtel, ganz gegen Ihre ursprüngliche logische Erwartung. Mehr noch: In diesem Fall würden Sie ein unerwartetes Ei finden. Ihr Spielpartner hätte also recht mit seiner Behauptung, dass Sie kein „erwartetes" Ei finden könnten. Wenn das aber zutrifft, dann lässt sich überhaupt nichts vorhersagen, auch nicht aufgrund Ihrer gewiss logisch zutreffenden Überlegung, das Ei könne eigentlich nicht in der 10. Schachtel stecken. Und hier wird das Problem paradox!

Zwanzigster Übungstag, Seite 62

Wortspiel: deutsche Flüsse, Damenbekleidung, Kinderspielzeug, Säugetiere, südamerikanische Länder, Wettererscheinungen

Einundzwanzigster Übungstag, Seite 65

Kreatives Zeichnen: Beispiele

Haus, Regal, Buch, Fernseher

Kopf, Luftballon, Kürbis, Fußball

Regenschirm, Lampenfuß

Berg, Flugdrachen

Blitz, Wippe, Strichmännchen

Treppe, Stuhl

Lampion, Ziehharmonika

Hut, Hufeisen, Magnet

Wissenstest: beziehungsweise – betrifft – North Atlantic Treaty Organisation – Europäische Gemeinschaft – South East Asia Treaty Organisation – unter anderem – um Antwort wird gebeten – bitte wenden – siehe unten – Bundesnachrichtendienst

Eine Auswahl aus dem Verlagsprogramm

RAT UND WISSEN

Bewerbung

Bewerbungsstrategien
1027-3, von Dr. W. Reichel,
128 S., kart.
DM 14,90

Initiativbewerbungen
2107-0, von Dr. W. Reichel,
128 S., kart.
DM 16,90

Legale Bewerbungstricks
60325-2, von V. S. Rottmann,
96 S., kart.
DM 12,90

Lebenslauf und Bewerbung
60007-5, von H. Friedrich,
112 S., kart.
DM 12,90

**Bewerbung um einen
Ausbildungsplatz**
1936-X, von P.-J. Schneider,
M. Zindel, 112 S., kart.
DM 16,90

**Bewerbungserfolg trotz
schwacher Zeugnisse**
60157-8, von A. Schieberle,
136 S., kart.
DM 14,90

Testtrainer Einstellungstests
4999-4, von Dr. W. Reichel,
136 S., geb.
DM 15,–
(limitierter Sonderpreis)

Vorstellungsgespräche
60012-1, von H. Friedrich,
144 S., kart.
DM 11,90

Arbeitszeugnisse
1444-9, von A. Nasemann,
136 S., kart.
DM 16,90

**Rechtsratgeber
für Arbeitnehmer**
60258-2, von U. Teschke-
Bährle, 160 S., kart.
DM 16,90

Beruf/Karriere

**Selbstständigkeit
und freie Mitarbeit**
1891-6, von T. Hammer,
Dr. W. Kiefl, 144 S., kart.
DM 19,90

**Erfolgreiche
Existenzgründung**
60285-X, von N. Rentrop,
192 S., kart.
DM 19,90

*FALKEN Reihe: FALKEN &
PITMAN MANAGEMENT*
Ausstattung: zwischen 184 S.
und 248 S., Broschur
Preis: **DM 39,90**
4972-2 Die ersten 100 Tage
als Chef
4973-0 Erfolgreiches
Zeitmanagement
4976-5 Richtig delegieren
4971-4 Erfolgreiche
Verhandlungstaktiken
4975-7 Die perfekte
Präsentation

4974-9 Meetings erfolgreich
steuern
7331-3 Marketing –
eine Einführung
7329-1 Erfolgreich im
Management
7330-5 Basiswissen für
Führungskräfte
7328-3 Mitarbeitermotiva-
tion durch Empowerment
7362-3 Das souveräne
Verhandlungsgespräch
7361-5 Erfolgsgeheimnis
Teambildung

Lernhilfen/Schule

**Erfolgreich im Beruf
mit NLP**
60288-4, von K. Grochowiak,
S. Haag, 104 S., kart.
DM 12,90

Handbuch Mathematik
4964-1, von W. Scholl,
R. Drews, 848 S., geb.
DM 69,90

Englische Grammatik
7341-0, von E. Henrichs-
Kleinen, 288 S., geb.
DM 39,90

**Gedächtnistraining mit
Eselsbrücken**
60060-1, von W. Ettig,
96 S., kart.
DM 12,90

Buchführung leicht gefaßt
60091-1, von H. R. Pohl,
104 S., kart.
DM 12,90

**Schreiben lernen mit
Schreibmaschine und PC**
60055-5, von O. Fonfara,
112 S., kart.
DM 9,90

**Kostenrechnung leicht
gemacht**
4826-2, von D. Machen-
heimer, 240 S., geb.
DM 39,90

FALKEN Reihe: Schülerhilfe
Ausstattung: zwischen 64 S.
und 172 S., kartoniert
Preis: zwischen **DM 14,90**
und **DM 29,90**
1834-7 Die neue deutsche
Rechtschreibung
1890-9 Deutsche Grammatik
1783-9 Aufsatz
1623-9 Bruchrechnen
1569-0 Geometrie

1709-X Prozent- und
Zinsrechnung
1570-4 Gleichungen und
Ungleichungen

Heilen und Vorbeugen mit Wein
60311-2, von Dr. med. F.-A. Graf von Ingelheim, I. Swoboda, 96 S., kart.
DM 14,90

Grapefruitkern-Extrakt für Gesundheit und Kosmetik
60379-1, von R. Knoller, 80 S., kart.
DM 12,90

Rheuma
60040-7, von Prof. Dr. med. K. Gräfenstein, 108 S., kart.
DM 14,90

Gymnastik für die Halswirbelsäule
1610-7, von J. Engelmann, 96 S., kart.
DM 19,90

Streß bewältigen durch Entspannung
60070-9, von Dr. med. Ch. Schenk, 122 S., kart.
DM 14,90

Positives Denken und Entspannungstechniken
60305-8, von Dr. med. C. Schenk, 112 S., kart.
DM 12,90

Augentraining
1616-6, von M. Gollub, Hrsg.: K. Haak, 96 S., kart.
DM 24,90

Massage
60038-5, von K. Schutt, 78 S., kart.
DM 12,90

Akupressur
1231-4, von F. T. Lie, 192 S., kart.
DM 29,90

Fußsohlenmassage
60036-9, von G. Leibold, 96 S., kart.
DM 11,90

Yoga
60093-8, von U. Thomsen, 104 S., kart.
DM 12,90

Sport

FALKEN Lexikon für Pferdefreunde
7352-6, von G. Wöckener, 320 S., geb.,
mit Schutzumschlag
ersch. Mai 1998
DM 69,90

FALKEN Reihe: Ratgeber für Reiter
Ausstattung: zwischen 128 S. und 176 S., geb. oder kart.
Preis: zwischen **DM 29,90** und **DM 39,90**
4797-5 Ich will reiten lernen
4845-9 Junge Pferde selbst ausbilden
4871-8 Reiten für Einsteiger
4716-9 Reiten auf Gangpferden
4949-8 Wie verstehe ich mein Pferd?

Golf. Die frühen Jahre
7339-9, von D. Concannon, 144 S., geb.,
mit Schutzumschlag
DM 69,90

Der Schwung
4784-3, von O. Heuler, 128 S., geb.
DM 29,90

Fehler & Korrekturen
4872-6, von O. Heuler, 144 S., geb.
DM 39,90

FALKEN Reihe: Sportregeln
Ausstattung: zwischen 96 S. und 128 S., kart.
Preis: zwischen **DM 16,90** und **DM 24,90**
1676-X Basketball
1674-3 Pool-Billard
2135-6 Fußball
1754-5 Eishockey
1755-3 Tennis
1807-X Badminton

Tauchen
4955-2, von S. Müßig, 128 S., geb.
DM 39,90

Tennistraining mit System
4878-5, von A. Ferrauti, P. Maier, K. Weber, 192 S., geb.
DM 49,90

Billard
1313-2, von Dr. H. Stingl, 112 S., kart.
DM 29,90

Aggressive In-Line-Skating
1836-3, von U. Sauter u.a., 96 S., kart.
DM 24,90

Snowboarding
1860-6, von A. Hebbel-Seeger, 112 S., kart.
DM 29,90

Angeln
60080-6, von E. Bondick, 80 S., kart.
DM 12,90

Tanzen
4948-X, von P. Wolff, 192 S., geb.
DM 49,90

Fitness/Gymnastik

Fitness-Boxen
1671-9, von F. Kürzel, P. Wastl, 96 S., kart.
DM 24,90

Fit mit Ayurveda
60260-4, von J. Douillard, 208 S., kart.
DM 19,90

Stretching
60085-7, von E. Kleila, 64 S., kart.
DM 9,90

Muskeltraining zu Hause
60100-4, von A. Balk, 128 S., kart.
DM 14,90

Kampfsport

Aikido
2120-8, von R. Brand, 280 S., kart.
DM 24,90

Judo
0305-6, von M. Ohgo, 206 S., kart.
DM 24,90

Karate Grundlagen
1863-0, von E. Karamitsos, B. Pejcic, 144 S., kart.
DM 29,90

25 Shotokan-Katas
2125-7, von A. Pflüger, 88 S., kart.
DM 24,90

Bruce Lee – Sein Leben und Kampf
0392-7, von L. Lee, 136 S., kart.
DM 24,90

SPIELE UND DENKSPORT · FALKEN FÜR KINDER · GARTEN · TIERE

Patiencen
60020-2, von I. Wolter-Rosendorf, 112 S., kart.
DM 12,90

Poker
60225-6, von C. D. Grupp, 112 S., kart.
DM 12,90

Schach für Einsteiger
1724-3, von E. Heyken, 120 S., kart.
DM 19,90

Spielideen für Partys
1725-1, von E. und H. Bücken, 88 S., kart.
DM 16,90

111 Spielideen, das Gedächtnis zu trainieren
1829-0, von T. Werneck, 96 S., kart.
DM 16,90

Knobeleien und Denksportaufgaben
60099-7, von K. Rechberger, 100 S., kart.
DM 12,90

Ratgeber für Kinder

FALKEN Reihe:
Ratgeber für Kinder
Ausstattung: zwischen 48 S. und 64 S., geb.
Preis: DM 19,90
4897-1 Mein Mutmachbuch
4898-X Mein Krankenhausbuch
4896-3 Mein erstes Pferdebuch

7337-2 Mein erstes Reitbuch
4991-9 Mein Kochbuch
4990-0 Mein Ballettbuch
4900-5 Mein Fußballbuch
4938-2 Mein Fahrradbuch
7335-6 Mein erstes Inline-Skating-Buch
4894-7 Mein Katzenbuch
4939-0 Mein Hundebuch

4993-5 Mein Hamsterbuch
7324-0 Mein Wellensittichbuch
7338-0 Mein Meerschweinchenbuch
4992-7 Wenn meine Eltern sich trennen

Kinderbeschäftigung

Das neue Bastelbuch für Kinder
4893-9, von U. Barff, I. Burkhardt, J. Maier, 208 S., geb.
DM 39,90

Basteln mit Pappe und Papier
4843-2, Hrsg.: U. Barff, 112 S., geb.
DM 29,90

Schminken und Verkleiden
4773-8, von W. Stelzenhammer, Hrsg.: U. Barff, 128 S., geb.
DM 29,90

Spielen mit einfachen Sachen
4994-3, von A.-G. Patz, D. Patz, 112 S., geb.
DM 29,90

Tanz-, Kreis- und Bewegungsspiele
7343-7, von A.-G. und D. Patz, 112 S., geb.
DM 29,90

Spiele für Kleinkinder
60022-9, von D. Kellermann, 104 S., kart.
DM 12,90

Kinderleichte Kochrezepte für kleine Leute
4850-5, von K. Müller-Urban, 128 S., geb.
DM 19,90

Garten

Die große FALKEN Gartenschule
7354-2, von J. Breschke u. a., 560 S., geb., mit Schutzumschlag
DM 79,90

FALKEN Gartenjahr
7355-0, von K. Greiner, A. Weber, P. Michaeli-Achmühle, 320 S., geb.
DM 39,90

100 englische Gärten
4885-8, von P. Taylor, 216 S., geb., mit Schutzumschlag
DM 79,–

Bauerngärten
4786-X, von U. Krüger, 128 S., geb.
DM 39,90

Naturgärten
4967-6, von J. Korz, 240 S., geb.
DM 69,90

Gartengestaltung mit Phantasie
7318-6, von K. Greiner, Dr. A. Weber, 208 S., geb., mit Schutzumschlag
DM 79,90

Blumen, Stauden, Ziergehölze
4753-3, von K. Greiner, Dr. A. Weber, 384 S., geb.
DM 69,90

FALKEN Lexikon Gartenteich
4778-9, von I. Polaschek, A. Fischer-Nagel, 216 S., geb.
DM 49,90

Grüner wohnen
4886-6, von U. Krüger, 144 S., geb., mit Schutzumschlag
DM 49,90

Tiere

Katzen auf natürliche Weise heilen
7314-3, von Dr. med. vet. C. Möller, 128 S., geb.
DM 29,90

Richtige Katzenernährung
1869-X, von H. Wenzel, 96 S., kart.
DM 16,90

Wellensittiche
1813-4 von H. Bielfeld, 96 S., kart.
DM 16,90

Alles über Kanarienvögel
0901-1, von H. Schnoor, 64 S., kart.
DM 14,90

Zwergkaninchen
1680-8, von M. Mettler, 96 S., kart.
DM 16,90

Zwerg- und Goldhamster
1734-0, von M. Mettler, 96 S., kart.
DM 16,90

Meerschweinchen
1812-6, von M. Mettler, 96 S., kart.
DM 16,90

Das Süßwasseraquarium
4752-5, von Dr. med. vet. J. Etscheidt, 224 S., geb.
DM 49,90

Terrarium
7313-5, von W. Ullrich, 128 S., geb.
DM 29,90

FALKEN Reihe:
Hundebibliothek
Ausstattung: zwischen 80 S. und 112 S., kartoniert
Preis: zwischen DM 14,90 und DM 19,90